엄마표 신앙교육

말씀 먹는 아이로 키우는

엄마표
신앙교육

백은실 지음

규장

말씀을 교과서 삼는 신앙교육

하나님께서 허락하신 유업과 상급

사 남매를 태우고 좌우 전방을 살피며 안전 운전 중이다. 에어컨을 켜달라는 첫째의 요구를 들어주는 찰나에 찬양을 듣기 원하는 둘째를 위해 오디오를 켜고, 마침 걸려오는 전화에 짧게 통화를 끝낸 후 물티슈를 요구하는 셋째에게 물티슈를 건넨다.

중간중간 이것저것 물어오는 넷째에게 대답을 해주고, 시시비비 가리는 아이들을 중재하며, 내비게이션 음성에도 귀를 기울인다. 동시에 몇 가지 일을 소화하며 일인다역을 감당하고 있는 나, 도대체 이 능력은 어디에서 나오는 것일까?

네 아이의 엄마가 된다는 건 꿈에서조차 꾸지 못한 꿈이었거늘 어느새 나는 사 남매의 엄마가 되었고, 하나님은 내게 필요한 능력들을 하나씩 구비해주시며 감당할 수 있는 힘도 허락하셨다. 넷째를 잉태하고 양가에 소식을 알렸을 때 시어머니는 남편의 등짝을 후려치셨고, 친정아버지는 남편을 세상에서 제일 나쁜 남자로 치부하셨으며, 친정어머니의 얼굴에서는 얼마 동안 웃음이 사라졌다. 마치 세 분이 대동단결하신 것 같았다.

"너희, 어쩌려고 그러니? 어떻게 키우려고 자꾸만 낳는 거야?"

새 손주에 대한 기쁨은 뒷전인 채 내 자식 고생할까 노심초사하는 부모의 마음을 애써 둘러 표현하신 거다. 내가 이해타산 따져가며 계획해서 자녀를 키우려고 생각했다면 결코 사 남매를 낳지 못했을 것이다. 물질 자본보다 더 가치 있는 생명 자본을 귀하게 여겼기에, 하나님께서 허락하신 유업과 상급을 감사함으로 받을 수 있었을 뿐이다.

자랑스럽고 감사한 이름

디자이너, 아내, 엄마, 딸, 작가, 사모, 강사 등 나를 지칭하는 많은 이름이 있지만 그중에 내가 가장 자부심을 가지고 가치를 부여하는 이름은 단연 '말씀 심는 엄마'다. 하나님은 평범한 디자이너였던 나를 엄마의 자리로 부르셨고, 말씀을 먹게 하시더니 말씀 심는 엄마로 만들어가셨다.

난 교육학자도 아니고 자녀 양육 전문가도 아니다. 여전히 믿음을 붙잡고 한 걸음씩 내딛고 있는 평범한 사 남매의 엄마일 뿐이다. 그런 내가 '자녀교육'이라는 보이지 않는 다리를 건너려는 용기를 낼 수 있는 건 말씀을 의지하며 주님과 동행하기 때문이다.

남편은 중학교 때부터 배우자를 위해 기도해 왔는데, 그의 기도 목록에 거의 해당사항이 없던 사람이 나였다. 그럼에도 기도와 사랑으로 부족한 아내를 믿어주고, 한마음 한뜻으로 힘을 보태주며, 섬김과 본으로 이끌고 세워준 겸손한 남편 덕분에 나는 조금씩 성장할 수 있었고, 순종의 자리에서 말씀을 먹어준 사 남매 덕분에 말씀 심는 엄마가 될 수 있었다. 아무것도 아닌 나를 도구로 사용해주신 하나님께 감사드리며, 모든 것이 주님의 은혜였음을 고백한다.

광야에서 발견한 말씀 샘물

자녀의 의식주를 넘어 부모가 감당해야 할 영역이 갈수록 넓어지고 있다. 그러다 보니 '헬리콥터 맘'이라는 신조어가 생길 정도로 애착이 집착으로 이어져 일생 동안 자녀의 일거수일투족에 관여하고 간섭하며 통제하는 이들도 생긴다.

자녀를 잘 교육시키고 싶은 욕망은 누구에게나 있지만, 모두가 잘 해내는 건 아니다. '엄마'라는 똑같은 이름으로 살아가지만 삶을 살아내는 방식이나 양육의 방법, 교육의 방향이 제각기 다르다. 자녀들의 기질과 역량뿐 아니라 각 가정의 상황과 환경도 다르기에 양육의 정답을 찾기란 쉽지 않다. 그러다 보니 '엄마표'라는 말이 부상하면서 '엄마표 영어', '엄마표 수학' 등 다양한 엄마표 교육을 통한 맞춤교육이 늘어나는 추세다.

과도하지만 않다면 자녀들을 엄마가 직접 가르치며 함께하는 시간들이 참 효율적이고 탁월한 일이라 생각한다. 하지만 자녀의 일생에서 정말로 관심과 관여가 녹아들어가야 할 영역이자 '엄마표' 혹은 '아빠표'가 붙어야 할 신앙교육에 대해서는 터부시하거나 무관심한 것 또한 사실이다.

초보 엄마였던 내게 자녀 양육은 끝이 보이지 않는 광야를 두려움과 초조함으로 걷는 것 같은 외로운 길이었다. 무수한 정보 속에서 무엇을 붙잡아야 하고 어떻게 키워야 할지 고민하지 않을 수 없었다. 도와주고 이끌어줄 사람도 없던 그때, 말씀만이 자녀교육의 왕도임을 알게 하신 것은 광야에서 발견한 샘물 같았다.

간혹 내가 사모이기 때문에 자녀들의 신앙교육에 열심을 내고, 또 잘 해나가고 있는 게 아니냐는 질문을 받곤 한다. 하지만 넷째가 태어나기 전까지 내 직분은 집사였다. 결혼 후 지내온 시간 동안 내 환경과 상황에 많은 변화가 있었지만, 그 모든 자리에는 언제나 말씀이 있었다. 지금까지의 인도하심을 돌아보면 내가 말씀을 붙잡고 있었다기보다 말씀이 나를 붙들고 있었음을 알게 된다.

처음부터 자녀를 잘 양육하는 사람은 아마 한 명도 없을 것이다. 그렇기에 자녀교육이라는 보이지 않는 미래와 완벽하지 않은 환경을 마주할 때, 또 한계에 부딪힐 때 자신에게 능력이 없음을 인정하고 말씀을 붙든다면 누구나 '말씀 심는 엄마', '말씀 심는 가족'이 될 수 있다.

말씀을 교과서 삼아 신앙을 교육하는 것은 특별한 사람들만 하는 유별난 교육이 절대 아니다. 이는 구별된 하나님의 자녀가 진리를 분별해 하나님의 사람으로 온전하게 살 수 있도록 가르치고 훈련하는 교육이기에 특별한 것이다. 완전하고 충분하며 영원하고 초월적인 살아 있는 교과서, 오직 진리이신 하나님의 말씀이면 충분하다. 진리의 말씀이 자녀교육의 마스터키(master key)가 될 때, 묵은 갈증과 고민이 단번에 해결되고 자녀가 짐이 아닌 선물임을 깨닫게 되리라 믿는다. 내가 그랬던 것처럼.

나는 이 책에서 신(信), 덕(德), 지(知), 체(體), 네 가지 덕목의 전인적인 신앙교육으로 경건한 믿음과 성숙한 인격 위에 올바른 지식을 지닌 건강한 자녀로 양육하기 위한 방법들을 제시했다. 이 책은 참고서일 뿐 교과서가 아니다. 자녀교육이라는 막막한 길 위에서 성경적인 자녀 양육에 무관심했거나, 하고 싶지만 방법도 방향도 몰라 고민하는 부모들에게 신앙교육과 말씀교육의 사용설명서가 되길 바랄 뿐이다. 더불어 이 책을 읽는 모든 부모들이 말씀 심는 부모가 되어 아이들의 다음 이야기를 써가는 주인공이 되길 응원하며 축복한다.

　　'만일 내가 다시 아이를 키운다면'(다이아나 루먼스의 말이다), 나는 여전히 아이들에게 말씀을 심고, 성경을 먹이며, 기도를 입히는 말씀 심는 엄마가 될 것이다. 아이들을 믿음 안에서 잘 키워내는 것이 나에게 주어진 큰 사명이기 때문이다. 더불어 나 자신도 마음을 다하고 뜻을 다하고 힘을 다하여 하나님을 사랑하는 '말씀 먹는 엄마'로 남고 싶다.

주 안에서
백은실

차례

서문

1부

말씀 심는 부모교육

1부

말씀 심는
부모교육

자녀 양육, 성경이 답이다

여호와여 위대하심과 권능과 영광과 승리와 위업이
다 주께 속하였사오니 천지에 있는 것이 다 주의 것이
로소이다 여호와여 주권도 주께 속하였사오니 주는
높으사 만물의 머리이십이니이다 부와 귀가 주께로 말
미암고 또 주는 만물의 주재가 되사 손에 권세와 능력
이 있사오니 모든 사람을 크게 하심과 강하게 하심이
주의 손에 있나이다 대상 29:11,12

자녀교육에 왕도가 있을까?

첫아이에게 16개월 무렵부터 말씀을 심기 시작했으니 2020년 올해
로 14년 차에 접어든다. 초보 엄마였던 내 앞에는 자녀 양육의 여러
길이 놓여 있었고, 그때 불변하는 진리의 말씀을 붙들었기에 지금까
지 은혜의 길을 걸어올 수 있었다.

'둘만 낳아 잘 기르자'라던 1970년대 인구 정책 표어가 무색하게

'미혼대국, 비혼·만혼·무자녀, 韓 출산율 세계 최하위' 등의 뉴스가 익숙해진 시대에 살고 있다. 자녀 한 명을 대학까지 키우는 데 들어가는 비용이 4억 정도라고 하니, 자녀 양육이 무거운 짐이요 고난의 길이 된 지도 제법 된 것 같다. 그러다 보니 사 남매와 함께 다닐 때면 부러움 반, 염려 반의 시선을 자주 만난다.

'어떻게 키우려고 저렇게 많이 낳았을까?'

세상의 가치 기준에서는 절대 답을 찾을 수 없겠지만, 모두가 외면하는 그 길에 용기 낼 수 있었던 이유가 있다. 모든 것이 주께 속해 있다는 역대상 29장 11,12절 말씀처럼, 모든 것을 붙드시는 언약의 말씀을 신뢰했기 때문이다.

크리스천이라면 성경을 인생의 내비게이션, 해답지, 나침반이라고 말하는 것에 반론을 제기하지 않을 것이다.

주의 말씀은 내 발에 등이요 내 길에 빛이니이다 시 119:105

그들을 진리로 거룩하게 하옵소서 아버지의 말씀은 진리니이다
요 17:17

이처럼 살아 계신 하나님의 말씀이 진리라는 건 누구나 아는 사실이지만, 자녀 양육에 있어서도 성경이 답이라는 걸 믿는 사람은 많지 않다. 하나님을 믿는다고, 사랑한다고 고백하지만 정작 성경에 관심이 없어서 말씀을 가까이하지는 않는다.

말씀에 힘이 있고, 능력이 있고, 약속과 소망이 있다는 걸 알면서도 말씀을 믿지 못하고 염려하는 이유는 당장 눈앞에 있는 현실과 상황에 머물며 가야 할 길을 찾지 못하기 때문이다.

초행길에는 언제나 염려와 불안이 동반된다. 그럼에도 최종 목적지로 향하는 길을 안내하는 이정표를 보거나 안내자의 말을 믿지 않고 내 경험과 자아와 계획만 믿고 무작정 걸을 때가 많다. 어떤 방법으로든 목적지로 갈 수는 있겠지만, 그 길은 지름길이 아닐 가능성이 농후하다.

너희가 거듭난 것은 썩어질 씨로 된 것이 아니요 썩지 아니할 씨로 된 것이니 살아 있고 항상 있는 하나님의 말씀으로 되었느니라 벧전 1:23

자녀 양육도 마찬가지다. 부모 면허나 자격증이란 건 없다. 위험천만한 무면허 부모임에도 자녀의 인생을 내 맘대로 운전하며 폭주하려는 이들이 생긴다. 자녀 양육이든 신앙교육이든 처음 시작할 때는 자녀를 믿음으로 잘 키울 수 있다는 확고한 신념과 의지가 불타오른다. 하면 될 것 같고 내가 할 수 있다는 자부심이 치솟지만, 얼마 지나지 않아 나는 할 수 없는 존재임을 깨닫고 하나님께 백기를 들게 된다.

그렇다면 이제는 불안과 염려를 내려놓고 말씀이신 하나님께 운전대를 맡기자. 세상이 보기엔 가장 느리게 보이겠지만 믿음의 눈으로 보면 목적지에 가장 빨리 다다를 수 있는 길이 신앙교육임을 잊지 말자. 진리의 길은 바뀌지 않는다. 항상 그 자리에 변함없이 놓여 있다. 그러니 잠시 노선을 변경했다 하더라도 다시 제자리로 돌아오면 된다.

자녀교육에는 왕도가 없다지만, 사실은 성경에 그 길이 있다. 살아 있고 항상 있는 하나님의 말씀, 거기에 답이 있기 때문이다. 부모는 성경을 통해 말씀하시는 하나님의 가르침을 따라가면 된다. 가장 안전한 그 길을 성령님과 동행하기만 하면 된다.

시편 19편 말씀을 암송하고 묵상해보자. 특히 7,8절을 깊이 묵상해보라. 말씀이면 충분하다는 확신을 얻게 될 것이다.

여호와의 율법은 완전하여 영혼을 소성시키며
여호와의 증거는 확실하여 우둔한 자를 지혜롭게 하며
여호와의 교훈은 정직하여 마음을 기쁘게 하고
여호와의 계명은 순결하여 눈을 밝게 하시도다 시 19:7,8

주님의 교훈은 완전하여서 사람에게 생기를 북돋우어 주고,
주님의 증거는 참되어서 어리석은 자를 깨우쳐 준다.
주님의 교훈은 정직하여서 마음에 기쁨을 안겨주고,
주님의 계명은 순수하여서 사람의 눈을 밝혀준다 시 19:7,8 새번역

이 세상의 어떤 교육도 사람의 영혼을 사망에서 생명으로 옮겨 살려내지 못한다. 오직 말씀만이 마음에 기쁨을 안겨주고 우둔한 자

를 지혜롭게 할 뿐 아니라 눈을 밝혀준다. 우리는 아람 군대와 엘리사의 사건에서 하나님께서 사환의 눈을 열어 불 말과 불 병거를 보게 하신 일과 아람 사람의 눈을 어둡게 하신 것을 안다.

말씀은 두려움을 넘어 하늘의 권능과 주권을 확실하게 볼 수 있도록 믿음의 눈을 열어준다. 우리 자녀들이 눈이 어두워 방황하고 넘어지지 않게 하려면 영안을 열어 하늘을 보게 해야 한다. 하나님께서는 신기한 능력으로 생명과 경건에 속한 모든 것을 우리에게 주셨다 (벧후 1:3). 이제 믿고 순종하기만 하면 된다. 다른 말이 필요 없다. 자녀 양육에는 오직 하나님의 말씀, 성경이 답이다.

그의 신기한 능력으로 생명과 경건에 속한 모든 것을 우리에게 주셨으니 이는 자기의 영광과 덕으로써 우리를 부르신 이를 앎으로 말미암음이라 **벧후 1:3**

말씀 심는 부모교육 한계를 인정하고 말씀의 능력을 신뢰하자

• 여호와를 신뢰하고 범사에 그를 인정하자

불변하는 진리인 하나님의 말씀을 믿고 순종하자. 성경을 믿어야 성경이 답이라고 고백할 수 있다. 약속의 말씀을 믿고, 그 명령에 순종하며, 나의 부족함을 인정하면 답을 갖고 계신 하나님께서 친히 이끄시고 지도하신다. 이것을 믿고 신뢰하자.

"너는 마음을 다하여 여호와를 신뢰하고 네 명철을 의지하지 말라 너는 범사에 그를 인정하라 그리하면 네 길을 지도하시리라"(잠 3:5,6).

• 성령의 도우심을 구하고 그분과 동행하자

성경은 하나님의 감동으로 기록되었기에, 계시 없이는 말씀의 지혜를 깨달을 수 없다. 성령의 도우심이 있어야 말씀 가운데 보여주시는 것을 보고 듣고 예비하신 것들을 취할 수 있다. 성령과 말씀은 분리되지 않는다. 하나님의 뜻을 알기 위해, 날마다 성령충만을 위해 기도하자.

"기록된 바 하나님이 자기를 사랑하는 자들을 위하여 예비하신 모든 것은 눈으로 보지 못하고 귀로 듣지 못하고 사람의 마음으로 생각하지도 못하였다 함과 같으니라 오직 하나님이 성령으로 이것을 우리에게 보이셨으니 성령은 모든 것 곧 하나님의 깊은 것까지도 통달하시느니라"(고전 2:9,10).

• 자녀 양육의 지혜를 구하자

궁금하고 모를 땐 무조건 해답지를 보며 풀어나가자. 성경에는 무수한 지혜와 가르침이 담겨 있다. 문제 앞에 간구하며 지혜를 구하자. 하나님은 책망하지 않으시고 품어주실 뿐 아니라 넘치도록 채워주시는 분이다. 구하고 찾고 두드릴 때 사모하는 영혼에게 만족을 주시고 주린 영혼에게 좋은 것으로 채워주신다.

"너희 중에 누구든지 지혜가 부족하거든 모든 사람에게 후히 주시고 꾸짖지 아니하시는 하나님께 구하라 그리하면 주시리라"(약 1:5).

불변하는 교과서를 붙들자

또 어려서부터 성경을 알았나니 성경은 능히 너로 하여금 그리스도 예수 안에 있는 믿음으로 말미암아 구원에 이르는 지혜가 있게 하느니라 모든 성경은 하나님의 감동으로 된 것으로 교훈과 책망과 바르게 함과 의로 교육하기에 유익하니 이는 하나님의 사람으로 온전하게 하며 모든 선한 일을 행할 능력을 갖추게 하려 함이라 딤후 3:15-17

매해 수능 때마다 어김없이 만점자가 나온다. 어떻게 공부했냐는 물음에 그들은 사교육 한 번 없이 교과서에만 충실했다고 답한다. 설마 그랬을까, 의구심도 들지만 살아온 환경과 주위의 증언들이 신빙성을 더하니 '꿈을 이루고자 하는 열심과 열정 앞에는 교과서만으로도 충분하구나' 하고 동감하게 된다.

나 역시 교과서만으로 아이들과 꿈을 이루어가는 중이다. 수능 만점과는 비교할 수 없는, 구원에 이르는 천국 합격을 위해서다. 그 교과서는 다름 아닌 하나님의 감동으로 된 성경이다. 요즘에는 경제적인 만족과 성공을 위해 아이들을 맞춤형으로 양성하며 교육하는 경향이 강하다. '누가 어느 학원 갔더니 몇 등 올랐다더라'라는 메시지는 부모들의 마음을 울릴 뿐만 아니라 살아 역사하여 자녀들을 학원으로 내모는 촉진제가 되었다. 게다가 과외 정보를 가장 많이 얻을 수 있는 곳이 교회의 구역 모임이라는 웃지 못할 말들도 듣곤 한다.

우리 자녀들이 잘 되길 바라는가? 잘 믿길 바라는가? 잘 믿는 것과 잘 되는 것엔 큰 차이가 있다. 학원 보강은 꼭 보내지만 교회 수련회는 보내지 않으면서 잘 믿기를 바라는 부모, 잘 되길 바란다면서 신앙보다 공부를 우선순위에 두는 부모, 맡겨주신 자녀를 말씀으로 양육해야 하는 필요성을 상실한 부모들이 많다. 신앙교육을 할 수 없는 환경에 있는 부모는 드물다. 대부분은 단지 그 일에 관심이 없거나 마음이 없다.

부모가 진정으로 믿고 신뢰하고 따르는 것이 과연 무엇인지, 대학 입시를 준비하는 만큼 아이의 천국 입성을 위한 준비를 하고 있는지 스스로 점검해봐야 한다. 부모는 세상을 움직이는 사람을 만들어내는 것이 아니라 하나님의 뜻대로 세상을 움직이는 사람을 키워내야 하는 사명자다.

'잘 되는 것'에서 '잘 믿는 아이로 자라는 것'으로 가치를 옮기자. 잘 믿는 아이가 잘 되는 아이라는 것에 한 치의 의심도 없어야 한다. 자녀들이 머물 곳은 이 세상이 아닌 영원한 그곳이기 때문이다.

하나님의 말씀은 다 순전하며 하나님은 그를 의지하는 자의 방패시니라 잠 30:5

열세 번째 생일날, 둘째 아이는 축하를 받자마자 가족 모두에게 편지를 하나씩 건넸다. 내게 준 편지에는 이렇게 적혀 있었다.

"사랑하는 어머니, 지금까지 저와 힘든 시간 많이 보내셨겠지만 끝까지 참아주시고 칭찬해주셔서 감사해요. 어머니의 응원과 기도로 제가 발전했다고 생각해요. 앞으로도 제가 하나님 말씀으로 크도록 훈련시켜주세요. 제가 불순종하더라도, 못났어도 절 하나님 뜻대로 가르쳐주세요. 어머니, 오래오래 건강하세요. 사랑하고 축복해요. 쪽~."

둘째 아이의 생일이었지만 마음 담은 편지에 오히려 내가 큰 선물을 받았다. 그 어떤 말보다 하나님의 말씀으로 계속 훈련시켜달라는 것과 하나님의 뜻대로 양육해달라는 말에 다시 전진할 수 있는 힘을 얻었다.

아이들이 세상에서 다른 지식을 얻기 전에 하나님의 말씀으로 가득 채워지기를 바랐기에 즐비한 참고서를 뒤로 하고 불변하는 교과서를 붙들었다. 하나님의 감동으로 된 성경은 모든 것을 담고 있는 탁월한 교과서다. 이 교과서는 하나님의 사람으로 온전하게 하고 모든 선한 일을 행할 능력을 갖추게 할 뿐 아니라 그 무엇보다 가장 중요한 구원에 이르는 지혜가 있게 한다. 부모와 자녀가 삶의 지표로 삼아 어려서부터 평생, 성경을 교과서로 삼아야 하는 이유다.

그리스도의 형상이 이루어지기까지 참된 신앙을 고백하고, 우리의 주 되시는 하나님을 경외하며, 어떤 상황에서도 예배하는 자녀로 키우기 위해서는 신앙교육의 목적과 방향을 분명히 해야 한다. 하나님은 부모인 우리에게 많은 것을 요구하시지 않는다. 자녀를 성공시키라거나 완벽한 사람으로 만들어야 한다고 명령하신 적도 없다. 완전하신 그분이 불완전한 우리에게 어떤 성과를 기대하시겠는가?

참된 부모가 되시는 하나님이 원하시는 것은 맡겨주신 자녀를 그분의 방법대로, 그분의 신실한 제자로, 그분의 영광을 위해 양육하는 것이다. 자녀가 어려서부터 성경을 알고 구원에 이르는 지혜를 갖게 되는 것만큼 큰 성공과 복은 없다.

말씀 심는 부모교육 살아 있는 교과서로 자녀를 양육하자

• 신앙교육의 목적과 방향을 분명히 하자
자녀교육의 목적과 목표를 어디에 두고 있는지 점검해보자. 부모의 제자로 삼기 위함인지 예수님의 참 제자로 세우기 위함인지, 혹은 끝없는 부모의 욕심을 채우기 위함인지 하나님의 사람으로 세우기 위함인지 돌아보자. 하나님을 이용해 자녀의 성공을 꿈꾸는 부모가 되지 않도록, 말씀보다 부모의 기준을 우위에 두지 않도록 점검하고 재정비하자.

• 하나님의 감동으로 된 살아 있는 교과서를 믿자
성경을 한 번이라도 제대로 읽어본 부모라면 진리의 말씀을 믿지 않을 수 없고 생명의 말씀에 순종하지 않을 수 없다. 어느 찬양의 가사처럼 하나님 말씀에 두려워 떠는 자, 그 말씀에 생명을 거는 자, 하나님 말씀에 운명을 거는 자, 순종하며 주님을 따라가는 자가 되자. 하나님의 모든 말씀은 능하지 못하심이 없음을 믿고 신뢰하고 순종하자(눅 1:37).

• 믿음의 자녀로 키우고 싶다면 모든 걸 걸자

난 양가 부모님으로부터 양육의 도움을 전혀 받지 못한 채 사 남매를 키웠다. 눈물겹도록 외롭고 힘들었지만 손 내밀고 의지할 곳이 없었기에 하나님만 붙들었고, 이 길만이 내 자녀가 살 길이라 여겼기에 모든 걸 걸었다. 내가 믿고 신뢰하고 따르는 분이 하나님이 맞다면 그분의 방법과 인도하심에 모든 걸 걸자. 절대 손해 없는 투자가 될 것이다(사 40:8).

사랑이 먼저다

새 계명을 너희에게 주노니 서로 사랑하라 내가 너희를 사랑한 것같이 너희도 서로 사랑하라 너희가 서로 사랑하면 이로써 모든 사람이 너희가 내 제자인 줄 알리라 요 13:34,35

신앙교육을 시작하기 전, 부모가 가장 먼저 준비해야 할 덕목을 꼽으라면 나는 무조건 '사랑'이라고 할 테다. 사랑이 없는 율법은 상처를 준다. 그 상처는 쉽게 지워지지 않을 뿐더러 쓴 뿌리라는 마음의 큰 흔적을 남긴다.

신앙적인 교육을 시작할 때 '순종'이라는 명목 아래 사랑 없는 순종 훈련을 하는 경우가 많다. 하지만 그렇게 율법적이고 근본적인 훈련을 하다 보면 엄마도 아이도 상처로 얼룩지게 된다.

내 신앙교육의 첫 훈련 역시 순종 훈련이었다. 그때는 서투른 양육 방법으로 내 뜻에 굴복시키는 것이 순종을 가르치는 것인 줄 알았다. 때로는 강압적이고 때로는 율법적인 순종을 요구하고 훈련하다 보니 아이도 나도 마음에 상처를 입는 일들이 많았다. 첫아이에게 참 미안한 부분이기도 하다. 물론 훗날 실수를 인정하고 용서를 구하며 서로의 마음을 보듬는 시간이 있었기에 상처 없이 사랑만 남을 수 있었다.

가정은 그 어떤 선교지보다 치열한 영적 전쟁터다. 허물없고 친밀하기에 더 많은 상처에 노출된다. 우리가 연약한 부모이기에 민감하게 깨어 있지 않으면 위험 사이렌이 울리는 위기일발의 일들이 발생하기도 한다. 하지만 그때마다 이겨낼 수 있는 힘은 '사랑'이다. 가정은 햇살이 비치지 않을 때, 폭풍 가운데 있을 때도 사랑의 힘을 얻을 수 있는 곳이어야 한다. 사랑은 절대 실패하지 않는다.

그리스도께서 너희를 사랑하신 것같이 너희도 사랑 가운데서 행하라 그는 우리를 위하여 자신을 버리사 향기로운 제물과 희생제물로 하나님께 드리셨느니라 엡 5:2

사랑으로 준비가 되었다면, 그 다음은 아이의 마음을 얻어야 한다. 부모의 사랑이 아이에게 충분히 전달될 수 있도록 최선을 다해야 한다. 사랑이 있는 곳엔 무언(無言)을 얹어도 괜찮다. 눈빛만 보아도 서로의 마음을 헤아릴 수 있기 때문이다.

　　'중2병'이라는 말이 무색할 정도로 수시로 와서 안기고 큰 몸으로 파고들며 안아달라고 하는 첫째 아이. 푸근하다 못해 엄마의 품에 넘치는 아들을 안으면 오히려 내가 포근함을 느낀다. 이제는 내가 어깨를 빌려도 될 만큼 가슴도 마음도 넓어진 첫째와 여전히 친밀한 관계를 유지할 수 있는 이유는 아이의 마음을 얻었기 때문이다.

　　잘 말하는 사람에게는 귀를 열지만,
　　잘 듣는 사람에게는 마음을 연다.

　　아가와 사와코가 한 말이다. 아이의 마음을 얻기 위해서는 아이의 내면에서 흘러나오는 소리를 잘 들어야 한다. 내가 듣고 싶고 기억하고 싶은 것만 듣는 것이 아니라, 아이가 진짜 말하고 싶어 하는 숨은 의도를 알아차리고 공감하는 것에서부터 시작해야 한다.

　　말씀의 씨를 뿌리려면 먼저 마음을 경작해야 한다. 경작된 아이의 마음에는 무얼 심든 잘 자란다. 아이의 마음을 경작하려면 엄마의 마음 온도가 늘 적정 온도를 유지해야 한다. 자녀의 마음이 굳어져 따뜻한 온기가 필요할 때면 엄마의 마음을 내어주어야 하기 때문이다. 마음의 온도를 높이고 유지할 수 있는 유일한 방법은 그리스도를 마음에 모시는 일이다. 365일 변함없는 주님의 사랑의 온기가 엄마의 마음을 데울 때 자녀의 마음에도 그 온기가 전해지는 법이다. 부모와 자녀는 사랑 가운데에서 모든 일을 행해야 한다.

예수님은 세상에 있는 자기 사람들을 사랑하시되 끝까지 사랑하겠다고 약속하셨다. 예수님이 우리를 사랑하신 것같이 부모와 자녀가 그리스도의 사랑으로 사랑하자. 사랑은 하나님께 속한 것이기에 부모가 먼저 예수님의 사랑으로 가득 차서 그 사랑을 흘려보낼 때 아이의 마음 문이 활짝 열려 그 마음을 받게 될 것이다. 잊지 말자. 사랑이 먼저다.

말씀 심는 부모교육 우리가 서로 사랑하자

• 아이의 목소리에 귀를 기울이자

진짜 말하고 싶은 마음의 소리를 듣기 위해 귀와 눈과 마음, 온몸으로 듣는 연습을 해야 한다. 눈빛만으로도 서로의 소리를 들을 수 있도록 말이다.

• 공감으로 같은 편이 되자

공감은 상대방의 입장이 되어 이해하고 느끼고 생각하고 말하는 것이다. '엄마는 언제나 내 편'이라는 확신이 있어야 안심하고 마음을 연다. 이해하기 어려운 일일지라도 무조건 같은 편에 서보라.

사랑할 수 없는 것을 사랑하는 것이 진짜 사랑이다.

• 사랑 없는 율법은 상처를 준다

신앙훈련이라는 이름 아래 율법을 무기로 사용하지 말자. 절대로!
사랑이 먼저다. 율법을 완성하러 오신 예수님의 사랑을 먼저 흘려
보내자.

• 마음의 온도를 유지하자

예수님의 사랑을 날마다 간구하자. 구멍 난 항아리는 결코 채울
수 없다. 엄마의 마음 항아리가 늘 차고 넘쳐야 자녀에게 흘러간
다. 나는 죽고 예수만 사는 엄마가 되어 마음의 온도를 유지하자.

복음을 전수하는 사명자

하나님이 우리를 구원하사 거룩하신 소명으로 부르심은 우리의 행위대로 하심이 아니요 오직 자기의 뜻과 영원 전부터 그리스도 예수 안에서 우리에게 주신 은혜대로 하심이라 딤후 1:9

말씀 맡은 자의 사명

천방지축 첫째를 어떻게 양육해야 할지 몰라 찾고 두드렸던 곳이 '303비전 성경암송학교'였다. 자세한 정보도 없이, 그저 암송학교니까 당연히 아이에게 말씀을 암송시켜줄 거라고 생각했다. 그런데 막상 그곳에 찾아갔을 때는 100여 명의 엄마들이 앉아 말씀을 암송하고 있었다. 그 광경을 보자 곧 이런 생각이 솟아올랐다.

'아, 잘못 왔구나. 내가 암송하려고 온 건 아닌데. 이 시간만 끝나

면 얼른 도망가야지.'

첫아이라 힘들기도 했고 워낙 에너지가 넘치는 아이였기에 혼자 감당하기 버거워 어떤 통로로든 아이의 신앙교육을 맡기고 싶은 심정이었다. 그런데 엄마가 먼저 암송을 해서 아이를 가르쳐야 한다니…. 더 큰 짐을 진 기분이 들면서 빨리 벗어나야겠다는 생각만 가득했고, 이제 막 걸음마를 떼어 어디든 돌진하는 개구쟁이 아들을 붙잡으러 다니느라 암송을 하는 건지 아이랑 실랑이를 하는 건지 모를 만큼 힘든 시간이었다.

그날 암송 말씀은 쉐마 말씀(신 6:4-9)이었다. 앞 소절을 정신없이 지나쳐 무덤덤한 상태에서 6절 말씀을 되뇌는데, 순간 번개를 맞은 것처럼 모든 것이 정지하는 느낌이 들었다.

"오늘 내가 네게 명하는 이 말씀을 너는 마음에 새기고."

"오늘 내가 네게 명하는 이 말씀을 너는 마음에 새기고."

난 아이에게 말씀을 먹일 목적으로 그곳을 찾았지만 하나님은 나를 변화시키기 위해 그곳으로 부르셨던 것이다.

'내가 먼저 말씀을 먹어야 하는 것, 그리고 아이에게 부지런히 가르쳐 거듭 들려주고 말해주어야 하는 것, 이것이 여기로 인도하신 하나님의 뜻이구나.'

이날 암송 중에 말씀 번개를 맞고서야 나는 소명을 깨달았다.

오늘 내가 네게 명하는 이 말씀을 너는 마음에 새기고 네 자녀에게 부지런히 가르치며 집에 앉았을 때에든지 길을 갈 때에든지 누워 있을 때

'말씀 심는 엄마'가 되기 전, 나는 303비전성경암송학교 유니게 1,2단계 과정을 통해 200절의 말씀을 암송하며 '말씀 먹는 엄마'가 되었다. 꿀송이 같은 말씀의 단맛을 극명하게 경험하던 때라 암송을 멈추고 싶지 않았던 나는 암송학교의 같은 모둠에 있던 분들과 '거룩한 매임'을 만들어 2년 동안 모임을 이어갔다.

매주 돌아가면서 각 가정에 모여 함께 암송하고, 예배드리며, 성경적인 자녀 양육을 고민하고 기도하는 지혜로운 엄마들의 모임이었다. 이 모임이 암송학교 최초의 '303비전 왐클럽'(303vision wise mother club)이다. 의지가 약한 나였음에도 같은 비전을 품고 함께하는 동역자들이 있었기에 은혜의 자리에 계속 머물 수 있었다. 우리는 500절의 말씀을 마음에 새길 무렵 각자의 삶 속으로 흩어졌고, 다양한 모습으로 다른 공동체를 섬기게 되었다.

303비전성경암송학교 유니게 과정 21기 수료생이었던 나는 지금 강사로 섬기고 있고, 16개월부터 말씀을 먹었던 첫째 아이는 이제 동생들의 암송 선생님이 될 만큼 많이 성장했다. 이렇게 될 수 있었던 건 사명과 말씀 앞에 하나님이 이끄시는 대로 믿음으로 순종했기 때문이다.

하나님은 우리를 부모로 부르실 때 자녀에게 말씀과 신앙을 전수하는 사명도 함께 주신다. 세상의 어떤 부모도 혼자서 부모가 될 수는 없다. 부모의 정체성은 아이로 인해 입혀지는 것이기 때문이다.

부모가 되면 원하든 원하지 않든 사명도 함께 따라온다. 부모는 사명을 구하는 사람이 아니라 이미 주어진 사명을 발견하는 사람이다. 그렇기에 사명과 신앙 전수의 몫은 부모의 것이 된다.

신앙은 '유전'이 아니라 '유업'이다. 자녀에게 복음을 전수하고 계승하지 않으면 믿음의 세대는 끊어질 수밖에 없다. 세상 어떤 부모도 자기 자녀가 잘못되길 바라지 않는다. 하지만 지금 가고 있는 길에 대한 믿음이 없는 부모는 믿음 없는 자녀를 만들게 된다. 자녀들은 어떤 환경에서 무슨 교육을 받느냐에 따라 전혀 다른 인격으로 성장하기에, 부모가 먼저 말씀 앞에 있지 않으면 결국 천국 소망을 잃어버리기 쉽다.

부모의 욕심과 욕망이 투영된 부모의 뜻을 물려주지 말고, 자녀가 하나님과 접속할 수 있도록 하나님의 뜻을 물려주자. 부모가 해야 할 일은 자녀를 자기의 제자가 아닌 예수님의 제자로 키우는 것이며, 부모 자신도 예수님의 참 제자가 되는 것이다.

자녀에게 줄 수 있는 가장 귀한 유산이 신앙을 전수하는 일이며, 말씀을 심고 성경을 먹이며 기도를 입혀 하나님의 군사로 키워내는 일이 참으로 귀하고 복된 일임을 기억하자. 복음의 불씨가 꺼지지 않도록, 불변하는 진리 앞에 굳건한 믿음으로 자녀들과 함께 서자. 하나님께서 가야 할 길을 선명하게 보여주시고 동행하시며 인도해주실 것이다.

주님, 저는 너무나 부족하여 이 일을 잘 감당할 수 없습니다. 저는 타락한 죄인입니다. 그러나 주님, 제 죄와 일관되지 못한 태도와 성경에 대한 무지와 자녀들에게 복음을 전하지 못한 잘못을 고백할 수 있게 도와주소서. 그런 실패를 거울삼아 주님의 은혜와 빛을 구하게 하소서. 저에게 주어진 언약의 책임을 깨달아 주님 안에서 피난처를 찾게 하시고, 주님의 언약의 약속을 의지하며 그 언약의 은혜를 구하게 하시고, 하나님의 아들이시요 저의 인도자시며 힘과 거울이 되시는 예수님을 바라보게 하소서. 말씀의 진리로 저를 가르치시고, 그 가르침을 자녀들에게 전하게 하소서. 성령의 역사를 통해 진리의 열매를 맺게 하시고, 자녀들 앞에서 진리를 행하게 도와주소서. 그들의 마음을 열어 제가 가르치는 것을 받아들이게 하시고, 주님의 은혜로 제 노력이 기대 이상의 열매를 맺게 하옵소서.*

말씀 심는 부모교육 말씀 맡은 자의 사명에 순종하자

• 말씀 먹는 복음 전수자가 되자

신앙교육은 자녀의 믿음이 성숙해지는 것에만 목표를 두지 않는다. 부모의 신앙도 아이의 신앙만큼 중요하다. 부모의 신앙이 성숙하지 않으면 아이를 성숙한 믿음의 자녀로 키울 수 없다. 그렇기에 부모가 먼저 끊임없이 성장해야 한다. 아이들에게 발달과정에 맞는 교육이 필요한 것처럼, 부모 역시 아이들의 성장에 따라 함께 배우며 아이들이 올바른 신앙과 인격을 갖춘 하나님의 자녀로 성

장할 수 있도록 도와주어야 한다.

복음을 전수하는 사명자로서, 말씀을 전달하는 청지기로서 그에 맞는 역량을 키워 나가자. 기계도 주기마다 업데이트를 해야 하는데 하물며 생명 있는 사람을 세우는 일은 오죽하랴. 영적인 일에 필요한 자원을 얻기 위해 부모가 먼저 말씀을 먹고 끊임없이 신앙과 인격을 업그레이드 시키자(마 15:14).

• 말씀 맡은 자에게 포기란 없다

선교지에 나간 선교사가 환경, 사람, 물질, 건강 등 어떠한 이유를 만날지라도 사명을 포기하지 않는 이유는 오직 복음, 예수님 때문이다. 부모 역시 자녀에게 복음을 전수해야 할, 말씀 맡은 사명자임을 잊지 말자. 어떠한 어려움이 온다 해도 복음을 붙들고 포기하지 말자. 닭이 알을 품듯이 자녀를 끝까지 품자. 품다가 말면 알은 죽을 수밖에 없음을 기억하자(신 12:28).

• 부모는 아이에게 '라이프 바이블'이자 나침반이다

부모는 자녀와 함께 진리의 길을 걸으며 신앙과 삶에 올바른 방향을 제시하는 나침반이다. 사막 같은 세상에서 방향을 잃으면 그 끝은 죽음이다. 죽음이 도사리는 세상에서 우리 아이들이 오아시스를 만나 생명수를 마실 수 있도록, 말씀 맡은 자의 사명을 생명 걸고 감당해야 한다.

아이들이 부모의 삶을 통해 하나님을 만날 수 있음을 기억하고, 삶 속에서 말씀대로 살고 행하는 '라이프 바이블'(Life Bible)이 되자.
부모는 할 수 없지만 말씀이신 예수님이 삶 가운데 거하실 때 은혜
와 진리로 충만하게 될 것이다(요 1:14).

완벽한 부모는 없다

여호와와 그의 능력을 구할지어다 그의 얼굴을 항상 구할지어다
시 105:4

오후 5시. 영혼과 마음, 몸도 힘들어지는 시간. 아마 모든 엄마들
은 공감할 것이다. 나 역시 이 시간쯤 되면 자아를 뚫고 뾰족하게 올
라오는 예민함과 피곤함을 감사와 은혜라는 도구로 자르고 깎으려
노력하지만, 미처 충전되지 못한 마음 탱크가 제 기능을 하지 못할
땐 여지없이 연약함이 가시가 되어 아이들을 찌르곤 했다.

아이들이 어렸을 땐 이런 엄마의 모습에 긴장 상태로 눈치만 보더
니, 엄마의 연약함과 부족함을 잘 알게 된 지금은 각양각색의 반응
으로 돕고 기도해준다.

첫째는 이렇게 말한다.

"얘들아, 모여! 어머니가 성령충만을 회복하시도록 다같이 기도하
자!"

둘째는 "어머니, 누우세요. 제 안마가 필요할 때네요"라고 말하

고, 셋째는 "어머니, 제가 설거지할까요?"라고 한다. 넷째도 "엄마, 제가 뽀뽀해주면 괜찮아질 거예요"란다.

이러니 사 남매의 응원에 힘을 내지 않을 수가 없다. 하나님이 내게 붙여주신 이 귀한 네 명의 동역자들 덕분에 뾰족한 가시들도 눈치껏 사라진다.

내겐 좋은 엄마 콤플렉스가 있었다. '엄마'라는 이름 앞에 '최고의'라는 수식어를 붙이고 싶었던 나는 엄마 박사를 꿈꾸며 양육과 자녀교육에 관련된 서적들을 닥치는 대로 읽고 조금이라도 삶 속에 적용해보려 몸부림쳤다. 깨끗하고 깔끔한 집안 상태를 유지하려고 없는 에너지까지 다 끌어다 쓴 후 바닥과 하나가 되기도 했다. 어느 것 하나 부족함 없이 서너 마리의 토끼를 모두 잡으려고 동분서주하던 시절이었다.

자녀 양육이라는 이름 앞에서 눈에 보이지 않고 형체도 없지만 나 스스로 만들어낸 불안과 두려움, 완벽하게 해낼 수 있다는 교만함이 나를 가장 힘들게 했다. 내 뾰족함은 지극히 작은 문제 앞에서도 비수가 되어 자녀들의 마음 깊숙한 곳을 찔러댔고, 꽤 괜찮은 사람이라고 생각했던 내 밑바닥의 모습을 맞닥뜨린 순간은 잊을 수가 없다. 얼마나 처참하고 절망적이던지.

부정하고 싶은 내 모습과 마주하며 낙심의 골짜기에서 헤매고 있을 때 잊고 있던 기억이 떠올랐다. 나는 부모이기 전에 죄인이라는 사실 말이다. 부모라는 이름으로 살다 보면 마치 대단한 능력을 지닌 완벽한 사람이라고 착각할 때가 있다. 하지만 자녀 때문에 괜찮았던 내가 지질하게 변한 것이 아니라, 오히려 자녀 덕분에 자신 안에 있는 진짜 모습을 마주하게 된 것이다.

부모는 스스로 될 수 없다. 자녀로 인해 얻게 되는 자격이며, 부모다움도 자녀를 통해 만들어진다. 하나님은 부족한 부모를 다듬어가는 귀한 통로로 자녀들을 사용하신다. 사망의 음침한 골짜기에서 지팡이와 막대기로 불순물들을 걸러내시고 자녀 양육의 쉴 만한 물가로 인도해주시는 분은 목자 되시는 예수님이다.

> 미쁘다 모든 사람이 받을 만한 이 말이여 그리스도 예수께서 죄인을 구원하시려고 세상에 임하셨다 하였도다 죄인 중에 내가 괴수니라
>
> 딤전 1:15

하나님이 세워주신 질서와 권위 아래에서 부모와 자녀의 수직적인 관계가 반드시 필요하지만, 주 안에서 같은 형제자매인 자로서의 수평적인 관계 또한 필요하다. 난 아이들에게 말한다.

"엄마는 큰 죄인이고 너희는 작은 죄인이야. 죄인이 죄인을 가르치고 이끌 수는 없기에 우리에겐 죄 없으신 예수님이 필요해."

큰 죄인인 부모가 작은 죄인인 자녀의 손을 잡고 함께 빛 되시는 예수님에게 걸어갈 때 서로를 위해 기도하는 진짜 동역자가 된다. 다시 넘어질 수도 있다. 그럴 때 깊은 후회 속에서 무기력과 죄책감을 오가며 일어나지 못한다면 실패의 자리에서 벗어날 수 없다. 자신의 기대와는 다를지라도 눈앞에 주어진 작은 기회를 붙들고 일어나

야 한다. 기회는 과거에 머물러 있지 않고 현재와 미래를 향해 나아가게 한다. 그리고 우리를 변화의 자리로 이끈다.

> 내가 그리스도와 함께 십자가에 못 박혔나니 그런즉 이제는 내가 사는 것이 아니요 오직 내 안에 그리스도께서 사시는 것이라 이제 내가 육체 가운데 사는 것은 나를 사랑하사 나를 위하여 자기 자신을 버리신 하나님의 아들을 믿는 믿음 안에서 사는 것이라 갈 2:20

나는 매일 아침 습관적으로 갈라디아서 2장 20절 말씀을 선포한다. 십자가 앞에서 나를 죽이지 않으면 여지없이 덜 죽은 죄인의 모습이 드러나기 때문이다. 내가 죽어야 예수님이 그 자리에 임하신다. 내가 주인 삼은 모든 것을 내려놓을 때 주님이 통치하시는 가정, 주님이 이끄시는 대로 순종하는 부모가 될 수 있다.

완벽한 부모가 훌륭한 아이를 키우는 것이 아니다. 자신의 연약함과 실수를 인정하고 자녀에게도 사과할 수 있는 부모가 믿음의 자녀를 키운다. 부모의 약점은 완전하신 하나님을 보여줄 수 있는 통로가 될 것이고, 자녀는 불완전한 부모를 딛고 일어나 완전하신 하나님을 붙들게 된다.

• 완벽하려고 애쓰지 말고 부족한 자신을 인정하자

힘들면 힘든 대로, 슬프면 슬픈 대로, 부족하면 부족한 대로, 연약하면 연약한 대로, 나를 인정하고 받아들이자. 완벽하려고 애쓰지 않아도 된다. 나를 이끄시는 분이 완전하신 분이기 때문이다. 그분의 손을 놓지 말고 끝까지 붙들자(신 32:4).

• 갈라디아서 2장 20절 말씀을 선포하며 하루를 시작하자

엄마의 자아와 능력과 계획이 십자가에 못 박힐 때 예수님이 일하신다(고후 13:4).

• 자녀와 기도의 동역자가 되자

부모의 연약함과 부족함을 자녀 앞에서 인정하고 사과하자. 그때부터 서로가 기도의 중보자요 진짜 동역자가 될 것이며, 기도의 자리에 주님이 함께해주시고 응답해주실 것이다(시 138:3).

• 다른 사람과 비교하지 말자

셋째 아이가 물티슈에 붙어 있던 스티커를 선물이라며 내게 건넸다. 그 스티커에는 이런 글귀가 있었다.

"좋은 엄마가 되려고 애쓰지 말아요. 이미 좋은 엄마예요."

내게 허락하신 자녀들에겐 내가 최고의 엄마다. 비교라는 창을 들

여다보며 낙심의 자리에 앉지 말고, 성령의 능력으로 소망의 자리에 앉도록 노력하자(롬 15:13).

• 마음 탱크가 비지 않도록 날마다 채우자

피곤함 앞에 장사가 없듯이 엄마의 몸과 마음의 상태는 자녀에게 직결된다. 완벽한 엄마는 되지 못해도 최선을 다하는 엄마는 누구나 될 수 있다. 완벽한 엄마가 되기 위해서가 아니라, 어제보다 나은 엄마가 되기 위해 몸과 마음이 지치지 않도록 늘 말씀과 기도의 생수로 채우자(사 40:31).

• 내려놓을 것들을 과감하게 내려놓자

초토화된 집안을 보며 낙심해 있던 날, 남편의 한마디에 힘을 얻었다. 집안이 깨끗하다는 것은 아이들이 없다는 뜻이라고. 지저분하고 시끄러워도, 복잡하고 어지러워도 아이들의 소리가 들리고 어수선한 흔적이 있는 것이 복이라고 말이다. 그때부터 자유할 수 있었다. 괜한 짐을 지고 힘들어하며 푸념하지 말자. 참 자유는 예수님만이 주신다. 주님 앞에서 내려놓을 것은 맘 편하게 내려놓자(마 11:28).

부모의 자리에 앉은 스마트폰

막내의 생일을 맞아 패밀리 레스토랑에서 식사를 하는 중이었다. 돌을 갓 넘긴 또래의 아기들을 데리고 온 엄마들 넷이 옆 테이블에 앉았다. 아직도 아기만 보면 동생을 더 낳아달라고 말하는 사 남매의 시선이 아기들에게 고정되었다.

그때, 품에 안은 아기들을 아기 의자에 앉힌 엄마들은 약속이라도 한 듯 가방에서 스마트폰을 꺼내 아기들 앞에 놓았다. 마치 식사 전 관례인 것처럼 일제히 영상을 틀어주었고, 이내 음식을 가지러 유유히 사라졌다. 잠시 후 한 아기가 몸부림을 치며 울기 시작했다. 위험하고 난감한 상황에 아기를 안아줘야 하나 고민하는 찰나, 아기의 엄마가 달려오더니 아기를 안고 달래줄 거라는 예상을 깨고 정지된 플레이 버튼을 눌러주었다. 아기는 이미 익숙한 듯 울음을 뚝 그치고 영상에 시선을 고정했고, 엄마는 다시 사라졌다. 우리는 이 상황에 실소를 금치 못했다.

이제는 이런 광경이 어느 음식점에서나 볼 수 있는 흔한 모습이 되었다. 스마트폰 없이 식사하는 가족은 찾아보기가 힘들 지경이다. 교회 안에서도 예배 시간에 아이에게 영상을 보여주는 부모들을 종종 만난다.

언제부터인가 육아와 스마트폰은 불가분의 관계가 되었고, IT 강국답게 스마트폰 육아가 물밀 듯이 밀려왔다. 다양한 놀이 콘텐츠와 교육 미디어를 쏟아부으며 부모들을 현혹하기에, 스마트폰 없는 육아는 상상할 수 없는 형국이 되었다. 일주일 내내 육아에 지쳐 있다 은혜 받고 싶을 때, 외식이든 집에서든 맘 편하게 식사하고 싶을 때, 잠시 잠깐 꿀맛 같은 휴식을 누리고 싶을 때, 울고 말 안 듣는 아이를 단번에 온순한 양으로 만들어주는 스마트폰이 양육의 마스터키가 되어버렸다.

넷째를 출산하고 처음이자 마지막으로 산후조리원에서 몸조리를 했는데, 대부분 첫아이를 출산한 엄마들이었다. 그들 틈에서 나는 문화 차이를 느낄 만큼 달라진 신세대 엄마들의 양육 태도와 방법을 볼 수 있었다. 아기를 품에 안고 젖을 먹이는 시간은 그 어떤 것과도 바꿀 수 없는 친밀한 소통의 시간이다. 오물오물 젖을 먹으며 엄마를 바라보는 아기와 눈을 맞추고, 눈썹, 코, 이마, 볼을 만지고 머리를 쓰다듬으며 교감하는 그 시간은 아기가 엄마 품에서 안정감과 사랑을 느끼는 최고의 순간이다. 하지만 얼마 되지 않는 그 짧은 시간에도 아기를 쓰다듬어주어야 할 엄마의 손에 들려 있는 건 다름 아닌 스마트폰이었다. 하루에도 몇 번씩 마주해야 하는 금 같은 시간이 스마트한 세상 속으로 사라지고 있었다.

놀이터의 풍경도 달라졌다. 아이에게 시선을 고정하고 온몸이 땀범벅이 되도록 함께 놀아주던 부모의 모습은 온데간데없어졌다. 엄마는 벤치에서, 잠깐 뛰어놀던 아이들도 이내 벤치에 앉아서는 게임을 하거나 영상을 본다. 어디 그뿐인가? 아이가 탄 유모차 앞에도 스마트폰 거치대가 필수로 장착되어 있을 정도다. 하나님이 만드신 자연을 느끼고 만지고 오감을 자극하며 누려야 할 시기의 아이들을 미디어 족쇄에 채워 놓는 부모들이 생각보다 많다.

스마트폰 육아의 가장 큰 문제는 스마트폰이 부모의 자리를 꿰차게 되었다는 점이다. 우는 아이에게 백기를 들고 한두 번 져주는 일들이 부모의 권위를 조금씩 추락시키고, 결국에는 통제할 수 없는 상황을 만든다. 부모들은 스마트폰 육아가 이렇게 부모의 사랑과 권위를 파괴하고, 부모 품에서 애착을 형성하고 관계 속에서 친밀함을 누려야 할 중요한 시기에 신체적, 정서적, 심리적, 행동적인 부분이 단절되어 치명적인 결핍과 장애를 초래할 수 있다는 걸 간과한다.

실제로 잦은 스마트폰 노출에 따르는 부작용에 대한 연구 결과가 계속 발표되고 있다. 이런 자료들은 부모를 통해 배우고 느껴야 할 것들을 미디어를 통해 간접적으로 습득하거나, 미숙한 생각으로 각종 정보를 여과 없이 받아들이는 아이들이 인격과 행동에 극적인 영향을 받게 됨을 경고한다. 하지만 전문가들의 우려에도 불구하고 남의 이야기로 치부해버리거나 귀를 닫는 부모가 많다. 오히려 어릴 때부터 아이에게 스마트폰 중독의 길을 활짝 열어주고 있다.

가족 간의 소통이 사라지는 이유는 바빠서가 아니라 관심을 쏟아야 할 대상을 구별하지 못해서이다. 부모와 자녀가 스마트 기기에 빠져 있는 사이에 아이의 인격과 정서와 유대감은 말라간다. 그러나 전자기기를 통해 빠져드는 그 어떤 사람의 이야기도 곁에 있는 내 아이의 소소한 이야기에 비길 바 아니다.

아이와 소통하는 방법은 생각보다 간단하다. 불통하게 만드는 그것과 불통하면 된다. 우리가 하나님의 품 안에서 안정감을 누리듯 아이들도 부모의 품 안에서 진정한 평안과 안정감을 누려야 한다. 디지털 시대에 아날로그로 살아가는 게 쉽지 않지만, 믿음의 부모는 뜻을 정하고 세상을 향해 당당히 "No"라고 거부할 수 있는 단호함과 결단을 가져야 한다.

자녀들이 사이버 공간에 갇힌 은둔형 아이로 성장하지 않도록, 하나님이 허락하신 자연에서 느끼고 만지고 뛰어놀며 사람들과 관계를 맺도록 가르치고 함께하자.

말씀 심는 부모교육 스마트폰에게서 부모의 자리를 되찾자

• 맡기는 육아를 내려놓고 감당하는 육아를 선택하자

내 아이를 검증되지 않은 누군가에게 맡긴다는 건 있을 수 없는 일이다. 그럼에도 아이들을 검증되지 않은 수많은 미디어와 영상에 맡기고, 스마트폰 과의존 육아로 많은 문제를 야기하고 있다. 시대는 바뀌었지만 아이에 대한 책임과 관계성은 바뀌지 않는다. 자녀를 스마트폰과 유튜브로 양육하지 말고, 주의 교훈과 훈계로 양육하자. 현재의 편안함보다 미래의 아이의 모습을 그려보자. 아이의 미래가 부모의 손에 달려 있음을 간과하지 말자. 하나님께서 부모에게 맡겨주신 자녀임을 잊지 말고 충성되게 사명을 감당하자.

• 관찰과 분별이 필요하다

EBS의 한 방송에서 유아들에게 도덕성 모방 실험을 한 적이 있다. 놀랍게도 아이들은 본대로 행동한다는 실험 결과가 나왔다. 폭력적인 영상을 본 아이들은 폭력성을 그대로 드러냈고, 친밀함을 본 아이들은 따뜻함을 재연했다. 아이들에게는 보는 것이 실제가 됨

을 증명한 실험이다. 내 아이가 옳지 못한 행동을 보인다면 주변 환경과 더불어 아이가 보고 있는 미디어도 점검해보아야 한다. 부모의 관심과 분별을 통해 아이가 비성경적인 모습을 취하지 않도록 주의하자.

• 식사 시간만이라도 스마트폰을 치우자

아이가 스마트폰 없이는 밥을 먹지 않으려 한다면, 전적으로 부모의 잘못이다. 좀 더 쉽고 편한 식사를 위해 아이를 그렇게 길들였기 때문이다. 그러면 혼자 밥을 먹을 수 있는 나이가 되어도 아이는 영상에 집중한 채로 부모가 밥을 떠먹이며 수발을 들어야 한다.

식사 시간은 소통의 시간이고 배움의 시간이다. 최근 들어서는 밥상머리 교육이 화두가 될 만큼 중요한 배움의 시간임에도 이 귀중한 시간을 안락함과 맞바꾼 결과인 셈이다.

하버드대 캐서린 스노우 박사팀에서 만 3세 어린이가 책 읽기를 통해 배우는 단어는 140개에 불과하지만 식사 시간의 가족 간 대화를 통해서는 1천여 개의 단어를 학습한다는 흥미로운 연구 결과를 발표했다. 식사 시간의 대화가 고급 언어를 배우고 습득할 수 있는 또 하나의 교육의 장이 될 수 있다는 것이다. 학습적인 효과를 떠나서라도 식사 시간은 식사 예절을 가르치고 소통하며 기본적인 습관을 가르치는 자리라는 걸 잊지 말자.

• 미디어 수칙을 만들자

스마트폰의 반복적인 사용으로 인한 두뇌 발달 저하, 언어 발달 지연, 근시 유발, 사회성 결여, 공격적 성향 등 치명적인 유해성을 발표하는 연구가 많다. 당장 부정적인 모습이 보이지 않는다고 안심해서는 안 되는 이유다. 스마트폰은 장난감도, 놀잇감도 아니다. 휴대 전화에 컴퓨터의 여러 기능을 추가한 단말기다. 그러니 어린 아이에게 컴퓨터를 사용하라고 내주지 않는 것처럼 스마트폰도 함부로 사용하도록 주어서는 안 된다. 늦출 수 있다면 최대한 늦추자. 스마트폰의 유해함을 잘 알고는 있지만 절제를 실천하기 힘들다면, 가족의 도움을 구하고 모두가 함께할 수 있는 수칙을 만들어 실천하자.

• 빼앗긴 부모의 자리를 되찾자

어른들 대화에 끼어드는 아이는 경계의 대상이지만 부모와 자녀의 대화에 끼어드는 미디어 기기는 경계하지 않는다. 사람의 관계를 인격 없는 기계에 빼앗긴 채 매일 아이와의 소중한 시간을 잃어버리는 일이 반복되고 있다.

부모와의 관계뿐 아니라 하나님과의 관계도 마찬가지다. 기계로 인해 관계가 깨어지지 않도록 해야 한다. 스마트폰 목자는 푸른 초장과 쉴 만한 물가로 인도하지 못한다. 부모도 자녀도 참 부모이신 주님의 자리를 탈환하고 빼앗긴 모든 자리를 회복하자.

〔부모교육 3교시〕

주인이 아닌 청지기

> 충성되고 지혜 있는 종이 되어 주인에게 그 집 사
> 람들을 맡아 때를 따라 양식을 나눠줄 자가 누구
> 냐 마 24:45

하나님의 뜻과 생각을 전달하는 통로

'내가 잘 하고 있는 걸까?'

'이 방법이 맞는 걸까?'

'혹시나 내가 아이의 앞길을 가로막고 있는 건 아닐까?'

이런저런 염려로 마음이 혼란스러울 때가 있다. 부모라면 한 번쯤
은 통과하게 되는 시간 터널이다. 그렇다면, 얼마만큼 완벽해야 좋
은 부모가 될 수 있을까? 얼마나 공부해야 제대로 양육할 수 있을

까? 우리는 부족하고 연약하다. 날마다 넘어지는 실수투성이다. 그럼에도 불구하고 우리를 부모로 세워주신 이유는 단 하나, 충성되게 여겨주셨기 때문이다.

> 나를 능하게 하신 그리스도 예수 우리 주께 내가 감사함은 나를 충성되이 여겨 내게 직분을 맡기심이니 딤전 1:12

부모는 청지기일 뿐 주인이 아니다. 청지기란, 주인(소유권자)이 맡긴 것들을 주인의 뜻대로 관리하는 위탁관리인을 말한다(창 43:16). 과거 이들은 주인의 자산을 관리하며(창 39:4; 롬 16:23), 주인의 자녀 교육까지 담당했다(창 15:2; 39:4-6; 눅 8:3; 롬 16:23).

청지기가 자신에게 맡겨진 것들을 관리할 때는 항상 주인의 뜻, 즉 주인이 제시한 관리지침을 따라야 한다. 자신의 몸, 시간, 은사, 재능과 물질 등 자신의 모든 것을 드려 주께 충성하는 것이 청지기의 삶이다(눅 12:42; 엡 3:2).

하나님의 존귀한 자녀를 담당하는 부모로 세워주심은 맡겨주신 주님의 뜻에 따라 주님이 제시한 관리지침으로 양육하도록 직분을 맡겨주신 것이다. 부모의 자리는 대리자이자 청지기로서의 삶을 충성되게 감당하라고 주신 직분이다.

우리가 주인 되신 주님의 뜻과 그분이 제시하신 관리지침을 알려면 말씀 안으로 들어가야 한다. 성경에 계시된 하나님의 명령에 따라 오롯이 그분이 요구하시는 대로 하나님의 뜻과 생각을 전달하는 통로로서 주의 교훈과 훈계로 양육해야 하는 것이다.

출산의 고통과 아픔을 통과하며 낳은 사 남매가 내 것처럼 여겨질 때가 있다. 마치 내 소유인 양 아이들의 미래를 그리며 내 마음대로 조종하려는 욕심이 드문드문 올라온다. 넷이 있어도 이런 마음인데, 하나나 둘을 낳은 부모에게 아이들의 존재는 오죽할까 싶다.

요즘은 오히려 자녀가 주인인 경우도 보게 된다. 부모는 아이를 주인처럼 모시고 깍듯이 대우하며 맞춰주고, 아이는 부모를 종 부리듯 부리며 자기 요구대로 조종하려는 하극상 말이다.

청지기인 부모의 직분을 잘 감당하려면 하나님이 가정에 세우신 영적 질서를 먼저 회복해야 한다. 예수 그리스도로부터 권위를 위임받았기에, 부모가 먼저 하나님께 순종하고 자녀를 그분의 뜻에 따라 진리와 생명의 길로 이끌어야 한다.

부모는 복음과 은혜를 전달하는 통로일 뿐 절대 토기장이가 될 수 없다. 유한한 부모가 아무리 반죽하고 빚어낸들 원하는 자녀의 모습을 만들어낼 수 있겠는가? 무한하신 하나님의 손에 맡겨 드릴 때 그분의 창조 목적대로 빚으시고 주님의 영광을 위해 사용하심을 깨닫자.

부모는 주님의 공급하심을 잘 전달하는 튼튼한 통로가 되어주기만 하면 된다. 양육이 어렵고 힘든 이유는 내가 책임지려 들기 때문이다. 확언하건대, 한 치 앞도 볼 수 없는 부모는 자녀를 절대 책임질 수 없다. 자녀들을 참 부모이시며 참 주인이신 그분의 손에 맡길 때 구원으로 인도하시고 사용해주심을 믿자.

사람의 걸음은 여호와로 말미암나니 사람이 어찌 자기의 길을 알 수
있으랴 잠 20:24

말씀 심는 부모교육 부모는 주인이 아닌 청지기이다

• 내가 주인 삼은 것들을 내려놓고 참 주인을 붙들자

우리 가정은 누구를 주인으로 삼고 있는가? 내가 섬기는 주인의
주체가 누구냐에 따라 삶이 극명하게 나뉜다. 우리의 주인은 예수
그리스도 한 분이면 충분하다. 그분 외에 주인 삼은 것들이 있다면
모두 내려놓자. 자녀들의 참 주인이신 주님이 친히 이끄시고 역사
하심을 믿자(겔 34:15).

• 주권과 통제권을 포기하자

청지기인 부모는 주권과 통제권을 주인인 하나님께 내어드려야 한
다. 나는 할 수 없는 무능한 존재임을 인정하자. 내가 죽고 예수
가 살아야 올바른 자녀 양육이 가능하다. 부모로서의 모든 권리
를 포기하고 양육의 주도권을 주인이신 주께 기꺼이 내어드리자(잠
25:13).

• 착하고 충성된 종이 되어 주인의 즐거움에 참여하자

여호와의 기업인 자녀를 그분의 뜻과 방법대로 양육하기 위해 부모

된 우리가 먼저 날마다 말씀 앞에 머물고, 그 말씀을 흘려보내자. 착하고 충성된 종이 되는 일은 어렵지 않다. 자녀에게 하나님의 뜻과 생각을 전달하고 복음과 은혜를 전수하기 위해 말씀의 작은 씨앗을 심는 것부터 시작하자. 적은 일을 통해 예수님의 즐거움에 참여하는 은혜를 경험하게 될 줄 믿는다(마 25:21).

복음 필터

너희 안에 이 마음을 품으라 곧 그리스도 예수의 마음이니 빌 2:5

어릴 적 우리 아버지는 소통하기가 어려운 분이셨다. 평소 말씀이 거의 없으셨고 늘 어머니를 통해 당신의 생각이나 의견을 전달하시며 우리의 잘잘못 또한 어머니께 책임 전가하는 분이셨다. 어머니를 통해 전해 들은 아버지는 늘 어머니를 힘들게 하는 존재였고, 그렇게 생각하며 자랐다. 내 의도와는 상관없이 부정적인 선입견과 미움을 품고 살면서도 그 어떤 의구심조차 품지 않았던 것 같다.

시간이 지나 아버지를 이해할 나이가 되었을 무렵, 어머니로부터 들어왔던 아버지의 모습이 전부가 아님을 알았다. 아버지의 전하지 못한 속 깊은 마음과 사랑을 걸러 듣지 못했던 지난 시간들이 후회로 남았다. 감춰진 아버지를 이해하기엔 생각도 마음도 많이 어렸던 것 같다.

프랑스의 저명한 신경정신의학자이자 비교행동학자인 보리스 시릴리크는 "아버지란 존재는 어머니의 입을 통해 말해진다"라고 했다. 아버지에 대한 편견은 어머니로부터 시작되는 경우가 많다는 것이다. 자녀는 자신이 경험한 아버지보다 어머니로부터 들은 아버지, 어머니의 삶과 말 속에 스며든 아버지를 실재의 아버지로 착각하며 성장한다. 아버지가 부재하는 시간만큼 어머니와 함께 보내는 영향도 크다.

나는 사 남매에게 만큼은 아버지에 대해 그 어떤 부정적인 선입견이나 편견을 만들어주고 싶지 않았다. 내 입을 통해 필터링 된 아버지의 모습이 아니라 직접 알고 느끼고 경험하는 아버지를 만나게 해주고 싶었다.

참 감사하게도 첫째 아이는 존경하는 인물로 아버지를 말하고, 아이들은 가까이에서 지켜보는 아버지를 늘 사랑하고 존경하며 아버지 품을 찾아 파고든다. 그런 아이들 덕분에 남편도 늘 힘을 얻는다. 어떤 이유에서든 아이들 앞에서 만큼은 남편과 내가 항상 같은 편이었고, 서로를 세워주는 말을 하려고 노력했다. 자녀 앞에서 부부가 적이 되면 부모와 자녀, 형제와 자매가 적이 되는 것도 시간 문제다.

그러므로 그리스도 안에 무슨 권면이나 사랑의 무슨 위로나 성령의 무슨 교제나 긍휼이나 자비가 있거든 마음을 같이하여 같은 사랑을 가지고 뜻을 합하며 한마음을 품어 아무 일에든지 다툼이나 허영으로

필터링은 부모에 대해서만 일어나지 않는다. 다른 사람과의 관계
에서도 그렇다. 그 대상에 대해 부정적인 말을 들으면 선입견과 편견
을 갖게 될 때가 많다. 내가 만난 사람, 경험한 사람이 아니라 누군
가가 말해준 사람, 다른 사람이 경험한 사람을 동일시해서 그 사람
에 대한 부정적인 이미지로 담을 쌓는다. 자녀들 앞에서 다른 사람
의 이야기를 조심해야 하는 이유다.

사람 관계만 그럴까? 내가 알고 있는 하나님은 과연 어떤 분인가?
직접 만나고 경험한 하나님이 아니라 남들을 통해 필터링 된 하나님
만 알고 있지는 않은지, 하나님에 대한 그릇된 지식의 출처가 세상이
나 타인을 통한 간접적인 경험은 아닌지 돌아봐야 한다. 자녀들이
만나는 하나님도 부모의 입과 삶을 통해 필터링 된 분일 수 있다. 부
모가 만난 하나님의 은혜의 경험들을 나누는 것은 자녀의 신앙에 큰
도움이 되긴 하지만, 부모의 신앙이 아닌 자녀 자신의 신앙으로 하
나님을 만나도록 도와주자.

요즘은 가정마다 공기청정기, 정수기 없는 집이 없다. 유해물질,
초미세먼지, 중금속, 물속 세균까지 걸러내는 헤파필터, 나노필터는
가족의 건강을 지키지만, 진짜 필터링이 필요한 곳은 부모와 자녀의
마음과 생각이다. 온갖 죄와 세상의 유혹과 소리를 걸러낼 필터가

필요하다. 그것은 다름 아닌 복음 필터다.

자녀의 마음과 생각에 복음 필터를 장착하자. 이 필터는 영적 건강을 지켜주는 것을 넘어 생명을 살린다. 부모 역시 복음 필터를 통해 끊임없이 영적 불순물과 욕심과 자아를 걸러내야 자녀의 상태를 점검할 수 있다.

주기마다 자녀의 마음과 생각을 점검하고, 마음에서 나오는 악한 생각과 살인과 간음과 음란과 도둑질과 거짓 증언과 비방(마 15:19)을 걸러내어 자녀가 순결하고 깨끗한 복음의 생수를 마시게 하자. 육신의 생각과 정욕 및 모든 죄악을 걸러내어 청정하고 상쾌한 복음의 공기를 마시게 할 때 모든 지각에 뛰어난 하나님의 평강이 그리스도 예수 안에서 마음과 생각을 지켜주실 것이다(빌 4:7).

말씀 심는 부모교육 복음 필터로 세상의 유혹과 죄악을 걸러내자

• 복음 필터로 죄를 걸러내자

청지기에 불가한 부모가 언제나 자녀를 지켜 보호할 수는 없다. 자녀의 마음과 생각에 복음 필터를 장착할 때 주께서 친히 영적 불순물을 걸러내시고 생명의 길로 인도하신다. 자녀의 복음 필터를 관리해주자. 부모는 내 뜻과 계획이 아닌 주인의 뜻대로 양육하기 위해 성령의 특별 관리를 받도록 기도의 자리를 지키자(롬 1:17).

• 자녀 앞에서는 부부가 한 편이 되라

삶과 말 속에서 자녀들에게 필터링 된 배우자의 모습을 증거하지 않도록 유의하라. 부부는 이유 불문하고 자녀 앞에서 무조건 한 팀이어야 한다. 남편은 아내를, 아내는 남편을 세워줌으로 건강하고 행복한 믿음의 가정을 세워나가자(골 3:15).

눈물로 씨를 뿌리면 기쁨으로 거둔다

눈물을 흘리며 씨를 뿌리는 자는 기쁨으로 거두리로다 울며 씨를 뿌리러 나가는 자는 반드시 기쁨으로 그 곡식 단을 가지고 돌아오리로다

시 126:5,6

첫째 아이가 중학생이 되던 해에 폭탄 선언을 했다.

"어머니, 저 할 말이 있는데요, 이제 암송 그만할게요!!"

단 한 번의 언질도 없이 통보하듯 던지는 아이의 말에 심장이 바닥으로 쿵 떨어졌다. 그래도 아무렇지 않은 척 마음을 가다듬고 조심스레 물었다.

"왜 그런 생각을 했어?"

"저 2,000절 넘은 지도 오래고, 이제 더 안 해도 될 것 같아서요."

"그래…. 그렇구나. 너도 충분히 고민하고 엄마한테 얘기하는 걸 텐데, 엄마도 생각할 시간을 좀 줄래? 내일 다시 엄마랑 얘기하자."

여기까지만 얘기했어야 했다. 하지만 좋은 엄마, 쿨한 엄마가 되고 싶은 욕망에 내 입에서는 뜻하지 않은 말들이 나도 모르게 새어 나오고 있었다.

"내일 네가 어떤 결정을 하든 엄마는 네 결정을 믿고 존중할게. 암송을 그만두든 계속하든 네 결정에 맡길게."

'아, 내가 이 말을 왜 하고 있는 거지? 내가 지금까지 말씀을 심기 위해 얼마나 많은 수고와 노력을 했는지 알잖아? 무슨 말을 하고 있는 거야?'

통곡하고 매달려야 할 판에 최종 결정을 아이에게 맡겨버린 어이 없는 상황에서, 엄마의 말에 세상을 다 가진 웃음을 보이며 돌아서는 아들을 붙잡고 원망할 수도 없었다. 바닥으로 떨어졌던 마음을 수습하며 내가 할 수 있는 일은 무릎을 꿇는 것밖에 없었다.

'하나님, 드디어 올 것이 온 겁니까? 저 어떡해야 할까요? 아이에게 무슨 말을 해야 할까요? 아이는 어떤 결정을 할까요?'

응답은 받지 못했지만 마음은 평안했다. 아이가 어떤 결정을 하든 그 결정에 주님은 여러 모양으로 함께하실 거니까. 지금까지 인도해주셨던 것처럼 아이의 평생에 선하심과 인자하심으로 동행하실 거니까. 내가 놓는 손을 주님이 직접 잡아주실 거니까.

다음날 아이와 마주 앉았다. 고되고 힘들었던 암송생활을 접는다는 기쁨 때문이었을까, 아니면 코앞에 있는 자신의 결정에 대한 환희 때문이었을까? 아이의 얼굴은 이미 상기되어 있었다. 16개월에 처음 엄마와 함께 암송을 시작했던 아기가 어느덧 청소년이 되어 앉아 있는 모습을 보니 지난 시간이 주마등처럼 지나갔다. 지나온 시간들을 생각하니 벅찬 감격과 감사가 밀려와 이미 내 눈은 촉촉하게 젖어 있었다.

"그동안 암송하느라 수고 많았어. 지금까지 엄마의 뜻을 따라 순종해줘서 정말 고맙다. 고마워, 고마워."

그냥 아이를 바라보고 손을 꼭 잡았다. 아이에게 고마움을 전할 이유가 수만 가지였지만 그 긴 시간 동안 그 자리를 지켜준 것만으로, 엄마의 뜻을 따라 말씀 먹는 아들이 되어준 것만으로도 진심으로 고마웠기에 온 힘을 다해 손을 꼭 잡고 눈물 먹은 미소를 지어보였다.

내 진심이 전달되었는지 아이 눈에도 눈물이 차오르는 게 보였다. 어떤 눈물이었을까? 마주 잡은 손에서 애틋한 감정이 느껴졌다. 의도하지는 않았지만 대세가 내 쪽으로 살짝 기우는 것을 느끼며, 나는 한마디를 보냈다.

"지금도 죄악이 만연한 시대를 살고 있지만, 네가 장성해서 살아가야 할 시대는 더 어렵고 힘든 시대가 될지도 몰라. 험난한 핍박이 있는 곳에서 네가 살게 될지도 몰라. 그때는 단순히 믿음을 갖는 것을 넘어 믿음을 지키기 위해 싸워야 하는데, 지금 네 마음에 있는 말씀과 믿음으로 살아낼 수 있겠니?"

아이는 아무 대답이 없었다.

"네가 장성했을 때, 어쩌면 드러내고 예배를 드리지 못할 때가 올지도 몰라. 마음대로 성경을 읽지 못하는 시대가 올지도 모르지."

아이들과 함께 북한 지하교회 영상을 본 적이 있다. 어렵게 한 장의 성경을 구한 북한 성도가 들키면 죽음을 각오해야 하기에 그 성경을 암송한 후에 흔적을 없애려고 씹어 먹는 영상이었다. 그들이 말씀을 얼마나 사모하는지, 우리는 말씀의 홍수 속에서 얼마나 말씀을 가치 없게 여기며 살아가는지 많은 것을 깨닫게 해주는 영상이었다. 나는 그 영상을 다시 상기시켰다. 묵묵히 생각에 잠겨 잠시 고민하던 아이는 자리를 박차고 일어나며 힘차게 외쳤다.

"어머니, 열심히 하겠습니다!"

당장 눈앞을 가로막았던 큰 산을 한고비 넘었다. 만약 온갖 회유와 협박으로 아이를 되돌려 놓으려 했다면 아이는 정말 암송을 그만두었을지도 모르겠다. 아이를 향한 하나님의 계획하심이 있어 여전히 그 자리를 지키게 하심에 감사드린다.

고비의 순간과 넘어야 할 산은 끊임없이 우리 앞에 나타날 것이다. 그때마다 쉽게 낙심하거나 포기하지 말고 진심을 담은 부모의 마음을 전해보자. 수고와 애씀을 주님이 아시고 눈물로 씨를 뿌리는 자에게 기쁨으로 거두게 하시는 은혜를 주실 것이다.

말씀 심는 부모교육 눈물을 흘리며 씨를 뿌리자

• 앞을 가로막는 큰 산 앞에서 낙심하지 말자

하나님께서는 감당할 수 있는 시험을 주시며 피할 길을 내어주신다. 넘지 못할 산이면 돌아가면 된다. 낙심은 모든 것을 멈추게 한다. 낙심을 버리고 소망을 붙잡자. 반드시 길이 보인다(고전 10:13).

• 자녀를 위해 울자

하나님은 우리의 모든 슬픔과 고통을 주목하고 계신다. 자녀를 위해 흘린 눈물은 값진 진주가 되어 차곡차곡 쌓이고 있음을 잊지 말자. 주님이 맡겨주신 자녀이기에 주인 되시는 주님이 절대 눈물을 잊지 않고 갚아주실 것이다. 모든 상황을 인정하고 눈물로 기도하자. 슬픔이 변하여 기쁨이 될 날이 올 것이다(시 56:8).

• 자녀의 수고와 애씀을 보듬자

선한 목자 되시는 예수님처럼 부모는 자녀의 작은 목자다. 여리고 약한 양을 돌보고 세심하게 살펴 일으키고 지켜야 하는 목자처럼 내게 맡겨주신 양을 보듬어야 한다. 자녀의 수고와 애씀을 보듬는 목자가 되자(사 40:11).

• 마음과 마음이 만나도록 진심을 전하자

마음과 마음이 만나면 진심은 통한다. 진실한 마음이 그대로 전달될 수 있도록 두 손을 맞잡자. 사랑의 터치는 얼어붙은 마음을 녹이는 힘이 있다(마 5:7).

믿음의 본이 되는 동역자

나는 내 아버지에게서 본 것을 말하고 너희는 너
희 아비에게서 들은 것을 행하느니라 요 8:38

Children See, Children Do

탁아부 교사로 섬길 때의 일이다. 해마다 내가 섬기는 반에 아이를
맡기기 위해 찾아오는 분들이 계셨다. 아이의 첫 선생님이 《말씀 심
는 엄마》의 저자이길 바라는 마음에서였다. 물론 맡겨진 아이들을
내 아이처럼 기도와 사랑으로 품었던 건 사실이지만, 그렇다고 다른
선생님들보다 탁월했다고 말할 수는 없다. 아이들을 사랑하는 선생
님들의 마음은 별반 다르지 않기 때문이다. 아이의 첫 선생님을 두

고, 우리는 믿음이 좋은 선생님을 붙여주시길 또 만남의 복을 허락하시길 기도하며 소망한다.

아이가 만나는 첫 선생님은 너무나 중요하다. 하지만 부모가 깨달아야 할 것이 있다. 자녀의 진짜 첫 번째 선생님은 바로 부모라는 사실이다. 매일 가정에서 보는 부모의 눈빛, 표정, 어투, 생활습관 등 모든 것들이 아이에게 교과서가 된다. 그런 의미에서 가정은 예수님의 사랑을 구체적으로 가르치고 배우며 실현할 수 있는 최초의 학교이자 최고의 학교가 된다.

"근주자적 근묵자흑"(近朱者赤 近墨者黑)이라는 말이 있다. 붉은 인주를 가까이하면 붉게 되고 먹을 가까이하면 검게 물든다는 뜻이다. 잠언 13장 20절 말씀과도 일맥상통한다.

지혜로운 자와 동행하면 지혜를 얻고 미련한 자와 사귀면 해를 받느니라 잠 13:20

사람은 가장 가까이에 있는 사람의 영향을 많이 받으며 살아간다. 부모는 흑색이든 적색이든 자녀에게 가장 많은 색을 묻히는 존재다. 자녀가 태어나 장성하기까지 가정 안에서 부모의 모습을 통해 배우고 닮아가기 때문이다.

보이는 것들은 아이의 생활지침이 되고, 언어와 태도, 가치, 신앙 등 삶의 전반에서 부모를 통해 배운 가치관과 문화는 자연스럽게 자녀세대로 이어진다. 현재 부모의 모습이 자녀의 미래를 결정한다면,

내게 맡겨주신 자녀에게 무엇을 보여주고 전수해야 할지 고민하고
선택해야 한다.

부모는 아이들을 양육하고 가르치는 교사이기 전에 하나님께로
부터 배우는 제자라는 것 또한 잊어서는 안 된다. 진리가 자녀의 인
격에 스며들도록, 부모는 자신이 먼저 예수 그리스도와 인격적으로
친밀하고 거기서 뿜어내는 사랑이 자녀에게 흘러가게 해야 한다.

성화는 때로 고통스럽다. 이미 형성된 성품과 세상의 관점을 내려
놓고 포기하는 과정이기 때문이다. 하지만 고통의 과정을 통해 채워
주시는 하나님의 은혜를 경험할 수 있다. 참된 교육은 가르치는 것이
아니다. 함께 삶을 살아내고 그 안에서 배운 것들을 실행해가는 것,
그것이 진정한 교육이다.

한번은 아이들과 성경을 읽다가 열왕기에서 열띤 토론이 일어났
다. 역대지략에 기록된 수많은 왕의 행적들을 보며 아이들이 입을 열
었다.

아몬이 그의 아버지 므낫세의 행함같이 여호와 보시기에 악을 행하되
그의 아버지가 행한 모든 길로 행하여 그의 아버지가 섬기던 우상을 섬
겨 그것들에게 경배하고 그의 조상들의 하나님 여호와를 버리고 그 길
로 행하지 아니하더니 왕하 21:20-22

"어머니, 아버지가 여호와 보시기에 악을 행했더라도 자기는 그 길
로 행하지 말았어야 하는데 아몬은 왜 하나님을 버리는 길로 갔을까

요? 한두 명도 아니고 계속 그 이야기만 나오잖아요. 하나님도 진짜 답답하고 화 나셨을 것 같아요."

"내가 하나님이었으면 이런 악행을 보고 가만히 있지 않았을 것 같은데⋯. 하나님은 신기하게 또 기회를 주신다니까요. 그런데 보고 자란 것이 우상을 섬기고 하나님을 버리는 것인데, 거기서 뭘 보고 배웠겠어요?"

"우리 부모님이 하나님을 안 믿었으면 어떻게 되었을까요? 우리 집은 예수님을 잘 믿어서 정말 다행이에요."

아이들의 이야기에 나는 이렇게 답했다.

"'맹모삼천지교'라는 말이 있는 것처럼 자라는 환경을 무시할 수는 없을 거야. 그만큼 어떤 환경에 있는지도 중요하지. 그래도 처한 환경에서 어떤 길을 선택하는지가 더욱 중요하지 않을까?"

그렇게 말하면서도 아버지와 어머니의 길로 행한 수많은 왕들을 보며 부모가 어떤 길을 가며 무엇을 보여주어야 하는지 묵상하지 않을 수 없었다. 전반적인 삶 속에서 내가 자녀들에게 보여주고 있는 것은 무엇이며, 자녀들이 그 길로 행하고 있는 것들은 무엇인지 돌아보자.

"부모는 자식의 거울이다"라는 말처럼 무게감이 느껴지는 말이 없다. 부모의 손에 있는 것이 자녀의 손에 들려질 것이고, 부모가 보는 것이 자녀의 눈에도 담기고, 부모가 있는 곳에 자녀도 함께 있게 되는 것처럼 부모의 모습이 자녀에게 재연되기 때문이다.

혹여 부모는 잘 믿는데 자녀들이 믿음을 저버리는 일을 보면 부모의 삶이 이중적인 경우가 많다. 밖에서는 존경받는 신앙인이지만 가정에서는 인정받지 못하는 경우다. 자녀는 성경을 통해 하나님을 알아가기 전에 부모가 살아가는 모습과 방식을 통해 하나님을 알아간다.

말로 가르치는 부모는 하나님에 대한 지식은 줄 수 있어도 하나님을 인격적으로 만나게 할 수는 없다. 하나님에 관한 지식을 삶으로 살아내는 부모 곁에서 자라는 자녀는 예수 그리스도의 진리를 가슴과 삶으로 받아들인다. 부모가 하나님을 향해 뜨거운 사랑을 가지고 있다면 자녀도 부모와 같이 하나님을 사랑하고자 하는 열망을 소유하게 될 것이다. 그래서 부모는 하나님 형상의 대리자요, 끝없이 하나님을 갈망하는 삶의 모범이 되어야 한다.

> 요시야가 여호와 보시기에 정직히 행하여 그의 조상 다윗의 모든 길로 행하고 좌우로 치우치지 아니하였더라 **왕하 22:2**

> 요시야와 같이 마음을 다하며 뜻을 다하며 힘을 다하여 모세의 모든 율법을 따라 여호와께로 돌이킨 왕은 요시야 전에도 없었고 후에도 그와 같은 자가 없었더라 **왕하 23:25**

여호와 보시기에 악을 행하는 왕들의 이야기 속에서 이방예배를 없애고 여호와께로 돌이킨 요시야처럼 믿음의 본을 찾아볼 수 없는 가정에서도 주님의 은혜로 신앙 안에서 바르게 자라는 자녀들이 있다. 하지만 부모로부터 역할 모델을 보지 못한 경우, 그들에게는 그런 삶을 되풀이하지 않으려고 부단한 노력으로 지내온 시간들이 있음을 깨달아야 한다.

우리 부부도 믿음이 없으신 부모님 아래서 자랐다. 하나님은 우리를 여러 통로를 통해 믿음에 이르게 하셨고, 그 길이 쉽지 않은 길이었음을 고백한다. 요시야에게 그의 조상 다윗이 있었던 것처럼 부모는 자녀의 신앙 선배로서 선한 역할 모델이 되어야 한다. 가정에 하나님 보시기에 좋은 관습이 자리 잡게 하자.

가장 가까이에서 어떤 모습을 보여주느냐에 따라 자녀가 하나님을 뜨겁게 만나기도 하고, 하나님을 떠날 수도 있다는 사실을 잊어서는 안 된다. 부모의 믿음이 자녀를 믿음의 길로 이끈다. 아브라함과 다윗이 그들의 후손들에게 '믿음의 조상'이라는 이름을 얻은 것처럼 우리의 자녀들에게서 동일한 아름다운 이름으로 불리는 은혜가 있기를 바라고 소망한다.

말씀 심는 부모교육 아이들은 보는 대로 행한다

• 삶으로 가르치며 모든 좋은 것을 함께하자

자녀에게 맛난 것을 먹이고 좋은 옷을 입히고 아름다운 곳을 함께 여행하기 원하는 것처럼 신앙의 자리, 믿음의 자리에 함께하며 생명의 말씀을 먹이고 거룩한 새 옷을 입도록, 부모와 자녀가 모든 좋은 것을 함께하자(갈 6:6,7).

• 부모의 언어, 태도, 가치, 신앙을 점검하자

부모의 사소한 말이나 행동 하나하나가 자녀의 삶의 크고 작은 결정에 영향을 끼칠 수 있음을 잊지 말자. 부모의 삶과 인격이 자녀의 미래를 결정하는 통로가 될 수 있다. 진정한 영성은 삶 속에서 가시화된다. 부모의 발자취를 밟는 자녀들을 위해 부모가 먼저 깨끗해야 한다(고후 7:1).

• 성경 속 본받을 역할 모델을 찾자

어떤 부모가 되길 원하는가? 부모가 먼저 그분의 모든 것을 배우고, 받고 듣고 본 바를 행해보자. 성경을 통해 배운 역할 모델처럼 우리도 자녀에게 믿음을 본받으라고 말할 수 있는 역할 모델이 되자(히 13:7).

신앙의 부정적인 경험을 주지 말자

아비들아 너희 자녀를 노엽게 하지 말지니 낙심할까 함이라 골 3:21

첫째 아이가 일곱 살 때, 여느 날처럼 아이와 마주앉아 암송 복습을 하고 있었다. 시편 1편 말씀을 막 시작하려는데 아이가 말했다.

"엄마, 기억나요? 이 말씀 처음 암송할 때 엄마가 화나서 리모컨으로 바닥을 치셨잖아요."

첫째가 다섯 살 무렵이었다. 똑같은 구절에서 계속 틀리는 아이에게 답답함을 느껴 마음이 점점 힘들어지기 시작했다. 급기야 토시 하나로 아이를 다그치며 내 분에 못 이겨 손에 들고 있던 리모컨으로 바닥을 내리쳤다.

리모컨에서 튕겨 나간 건전지는 굴러가다 책장 앞에서 멈추었고, 엄마의 모습에 주눅이 들어 두려워하는 아이의 모습이 흑백 스크린처럼 생생하게 내 앞에 펼쳐졌다. 2년이라는 시간이 지났음에도 아이는 그날을 선명하게 기억하고 있었다. 내 치부가 드러나자 후회와 회개의 눈물이 하염없이 흘러내렸고, 낙심했을 아이의 마음이 느껴져 무릎을 꿇었다.

"미안해. 정말 미안해. 엄마가 네게 너무 큰 잘못을 했어. 그때의 엄마를 용서해줄 수 있어?"

"엄마, 저는 이미 용서했는데요. 이 말씀 암송하다가 그냥 생각난 것뿐이에요. 울지 마세요. 죄송해요."

아이가 왜 죄송해야 할까? 일곱 살 아이의 말에 마음이 무너져내렸다. 사실 다섯 살은 참 어린 나이다. 넷째는 일곱 살이 되어도 아직 아기처럼 보이는데, 잘못한 엄마에게 오히려 사과하며 엄마의 마음을 헤아리는 속 깊은 아이를 첫째라는 이유로 너무 큰 아이 취급했던 것이 사실이다.

철없던 엄마의 부족함과 연약함이 여지없이 드러났지만, 아이의 입술에서 나오는 한 절의 말씀이 얼마나 귀한 것인지, 말씀 앞에서 겸손하게 반응해야 할 사람이 자녀가 아닌 부모인 것을, 말씀을 심는 건 엄마이지만 역사는 주님이 하신다는 걸 깨닫게 해준 사건이었다. 지금 알고 있는 걸 그때도 알았더라면 얼마나 좋았을까?

만약 첫째가 시편 1편 말씀을 암송할 때마다 그날의 엄마가 떠오른다면, 나는 아이에게 평생 지워지지 않는 상처를 준 셈이다. 감사하게도 주님이 아이의 상한 마음을 보듬어 회복시켜주셨기에 지금은 작은 에피소드가 되었다. 첫째가 동생들에게 가끔 농담처럼 하는 말이 있다.

"너희는 시대를 잘 만난 줄 알아. 내 어린 시절의 어머니였으면 너희는 국물도 없었어. 다 내 덕인 줄 알아."

맞는 말이다. 첫째 덕분에 엄마인 나도 실수를 딛고 많이 성장할 수 있었다. 첫째 아이는 나를 돌아볼 수 있도록 만들어준 은인이다. 철없는 엄마의 첫 교육을 받아야 했던 아이에게 가장 미안하지만, 시편 1편의 사건을 통해 내 모습을 늘 경계하며 말씀 앞에서 경외함으로 서려고 노력하고 있다.

부모는 자녀의 삶 구석구석에 건강한 자아상 혹은 부정적 자아상을 그려 넣게 된다. 수치심, 낙심, 죄책감, 열등감, 무력감, 낮은 자존감 등 부정적 자아상은 자녀의 가슴속 깊이 쓴 뿌리를 남기고, 부모와의 관계를 넘어 하나님과의 관계도 어렵게 만든다.

실제로 가정예배가 지옥이었다고 고백하며, 늘 아버지의 잔소리와 훈계를 듣는 그 시간이 하나님과 멀어진 계기가 되었다는 이야기를 들은 적도 있다. 경건의 훈련들은 하나님을 경외하고 사랑하도록 가르치기 위함인데, 부모의 부족함으로 인해 아이의 영혼을 슬프고 아프게 한다면 안 하는 것보다 못한 것이 되어 버린다.

가정은 무장이 해제되는 곳이다. 가정에서 부끄러움과 수치심을 느낄 때 아이들은 힘과 방향을 잃는다. 가정은 아이의 부끄러움이 용납되고, 허물이 허용되는 곳이어야 한다. 신앙교육엔 상대평가가 없다. 무한대의 점수를 줄 수 있는 곳이 가정이며, 어떤 경험이든 긍정적이고 좋은 경험들을 지속할 수 있는 힘을 얻게 한다.

자녀 양육을 위해 부모의 분냄과 실수를 말씀으로 합리화하지는 않았는지, 자녀에게 모든 잘못을 몰아주기 위한 방법으로 말씀을 사용하지는 않았는지 우리의 모습을 돌아보자.

말씀 심는 부모교육 좋은 신앙 경험을 갖게 하자

• 신앙훈련 가운데 기쁨과 감사와 행복을 누리자
아이와 함께하는 신앙훈련은 정말 쉽지 않다. 하지만 부모가 그 자리를 사모하고 기쁨과 감사로 행복해야 자녀도 동일한 감정으로 함께할 수 있다. 아이와 함께하는 그 시간은 다시 오지 않는 소중한 시간이다. 후회로 눈물짓는 일이 없도록 감사와 행복을 누리자(히 12:15).

• 행복하고 건강한 자아상을 그려 주자

막내 아이는 찬송가 199장을 제일 좋아하는데, 찬송의 가사가 엄마의 이야기라는 말에 참 행복하고 감사했다. 아이를 품에 안고 성경을 읽어주고, 암송도 하고, 예배도 드려보자. 엄마의 포근한 품과 엄마의 향기가 아이에게 고스란히 남아 그 아이는 신앙의 긍정적 추억을 지닌 행복하고 건강한 자아상을 갖게 될 것이다(살전 2:11,12).

• 하늘 아버지의 성품을 닮아가도록 노력하자

여호와는 긍휼이 많으시고 은혜로우시며 노하기를 더디 하시고 인자하심이 풍부하시다. 우리는 하나님의 형상대로 지음 받았기에 아버지의 성품을 그대로 전해 받을 수 있다. 자녀가 하나님의 은혜에 이르도록, 하늘 아버지의 성품을 닮아가도록 노력하고 애쓰자 (시 103:8).

하늘에 소망을 두자

야곱의 하나님을 자기의 도움으로 삼으며 여호와 자기 하나님에게 자기의 소망을 두는 자는 복이 있도다 시 146:5

남편과 함께 아이들의 신앙교육을 위해 14년을 달려왔다. 우리가 가진 복음의 열정만큼 아이들이 따라주지 않을 때도 있었다. 참 밝고 예의 바른 아이들이지만 때로는 각자의 요구에 부응하지 못하는 부모에게 실망도 하고, 드물긴 해도 자신이 원하는 것을 얻지 못할 때 적대적인 감정을 품는 것도 알게 되었다.

자녀가 많은 것은 분명 복이지만, 복이라는 원석을 보석으로 만들어가는 과정은 결코 쉽지 않다. 아이들로 인해 크게 낙심한 적도 몇 번 있다. 부모라면 겪는 과정이고 대처 능력을 키울 기회이기도 하지만 예방 없이 맞는 일들로 인해 마음이 무너져내릴 때가 있었다. 지금은 과거가 되었기에 아무렇지 않지만 상처에 딱지가 덮일 때까지는 쓰라린 아픔을 감수해야만 했다. 그때 남편의 일기가 참 위로가 되었다.

하루는 아내가 아이의 일기장을 보게 되었다. 책장에 꽂혀 있는 다른 노트를 찾다가 우연히 보게 되었단다. 아내는 내 앞에서 그 일기장을 보더니 "보지 말았어야 했는데" 한마디하고는 방으로 들어가 버렸다.

아내의 반응에 궁금해서 일기장을 열어 보니 엄마가 훈계할 때 느꼈던 감정이 그대로 녹아들어 있었다. 필터링 없이 써놓은 말에 아내가 크게 상처받을 게 뻔히 보였다. 겨우 초등학교 5학년 아이가 쓴 글이었지만, 자신의 감정을 배설하기 위해 써놓은 글들로 아내에게 떨어진 오물은 씻겨나가지 않을 것 같았다.

글도 감정도 과거의 것이었지만 글에 묻은 감정은 현재 아내에게 고스란히 전해졌다. 방에 들어가 보니 아내는 울고 있었다. 한참을 울고 또 울었다.

조금 잠잠해지다가도 이내 또 울음이 터졌다. 그동안 믿음으로 아이를 키우려고 노력했기에 그만큼 배신감과 서운함에 마음이 무너져내리는 것 같았다. 그러나 아내는 눈물을 흘리면서도 말했다.

"그래도 아빠는 자기를 이해해준다고 생각하고 있어서 다행이에요."

엄마로 인한 일들을 나한테 전화해서 일러바치곤 했는데, 그때 감정을 받아준 것이 아빠에 대한 적대심이 없는 이유였다. 난 마음이 아팠다. 그동안 아내의 헌신과 사랑을 잘 알고 있었으니까 말이다.

한참을 울던 아내는 새벽녘에야 잠자리에 들었다. 난 한참을 안고 잠들 때까지 손을 잡아주었다. 미안했다. 혼자 감당하는 엄마의 자리는 참으로 버겁고 무겁고 힘겨운 자리였지만, 묵묵히 자신의 일을 감당한 아내에게 많은 도움을 주지 못했기 때문이다. 그저 내가 할 수 있는 말은 "미안해"였다. 그동안 아무 도움도 못 주었다는 자책에서 나온 미안함이었다.

다음날 아내가 말한다. 소망은 주님께만 있다고. 나도 시편 42편 말씀을 되뇌며 소망의 주님을 묵상한 차였는데, 우리에게 같은 마음을 주신 것이다. 아내는 훌훌 털고 일어났다. 그리고 평소 하던 대로 하루를 보냈다. 뒤에서 안아오는 아이도 여전히 살갑게 받아주고 사랑해주었다.

자녀를 신앙으로 키우는 일에는 많은 헌신이 필요하다. 그러나 그 헌신은 때로 화살로 돌아온다. 그럼에도 이 일을 포기할 수 없다. 그만두어야 하는 많은 이유보다 지속해야 할 한 가지 이유가 더 크기 때문이다. 그 한 가지 이유는 '복음'이다. 하나님나라의 가치를 알려주는 것 말이다. 때론 충격적인 일들이 벌어지지만 항상 그런 것만은 아니니까, 오늘도 주님의 소망에 붙들려 아픈 마음을 딛고 다시 일어난 아내에게 이렇게 말해주고 싶다. 힘내라고, 사랑한다고.

24시간 함께 지내는 아이들에게 엄마의 모습이 다 좋을 수 없다는 건 잘 안다. 하지만 최고의 엄마는 아니어도 좋은 엄마는 될 거라는 자부심이 있었는데, 내 마음이 진실하게 전달되지 않고 있었다는 것에 충격을 받았다. 하지만 참 감사했던 건 아이가 다른 방법이 아닌 일기를 통해 자신의 감정을 해소하려고 애썼다는 것, 욕이나 거친 말들로 엄마를 비방하지 않았다는 것, 아버지를 든든한 지원군으로 생각하고 힘을 얻었다는 것, 아이도 나름대로 힘든 시간을 겪었다는 것을 알게 되었고, 어떤 방법으로 접근해 문제를 풀어야 하는지 배우는 귀한 시간이었다.

아이에게 문제가 있다고 해서 부모가 실패한 것은 아니다. 오히려 아이의 문제는 부모의 실력과 부모다움을 검증하는 계기가 될 수 있다. 그저 그 순간에 조용한 인내가 필요하다는 것을 인식하며, 새로운 시각으로 아이를 바라볼 기회가 생겼다고 여기는 지혜가 필요하다.

일련의 사건을 통해 깨달은 것은, 소망은 오직 하나님께 있다는 것이다. 믿음과 신앙으로 자녀를 양육하는 일은 참 더디고 느리다. 세상의 교육처럼 결과가 바로 나오지 않는다. 인내와 연단의 시간을 반드시 거쳐야 한다. 그때마다 소망을 자녀에게 두면 낙심과 포기의 자리에 앉게 되지만, 일을 만드시고 그것을 성취하시는 하나님께 소망을 두면 그분이 도우시고 변화의 자리에서 소망을 이루어가심을 보게 될 것이다.

말씀 심는 부모교육 하나님께 소망을 두고 찬송 드리자

• 잠잠히 하나님만 바라자

어려움이 있을 때, 사람을 통해 위로는 받을 수 있으나 문제를 해결할 수는 없다. 문제를 해결하고 이겨내는 힘은 오직 하나님께 있다. 내 영혼을 향해 선포하자. "나의 영혼아, 잠잠히 하나님만 바라라!" 우리가 잠잠히 하나님을 바랄 때 그분은 우리에게 소망을 주시고 이겨낼 힘 또한 주신다(시 62:5).

• 낙심될 때 말씀을 붙들고 일어서자

소망의 말씀을 마음에 저장해두자. 낙심과 절망의 순간, 심어 둔 말씀이 불현듯 떠올라 나를 소성케 하는 능력을 경험하게 될 것이다(시 71:14).

• 중단해야 할 많은 이유보다 지속해야 할 한 가지 이유를 생각하자

자녀를 신앙으로 양육하려면 힘들고 고된 시간의 터널도 지나야

하기에 때로는 가고 싶지 않을 때가 있다. 그럴 때면 신앙교육을 하지 못하는 많은 이유보다 붙들어야 하는 한 가지 이유를 상기시키자. 우리에게 능력이 되시고 피할 바위가 되어주시는 그분께서 인자와 긍휼로 관을 씌워주시길 소망하자. 나의 도움은 천지를 지으신 여호와에게서 온다. 그분이 나와 동역하심을 잊지 말자(시 121:1,2).

2부

말씀 먹는
자녀교육

신(信), 경건한 믿음

또 아비들아 너희 자녀를 노엽게 하지 말고 오직
주의 교훈과 훈계로 양육하라 엡 6:4

주의 교훈과 훈계로 양육하자

우리 가족이 말씀암송 훈련을 시작한 '303비전성경암송학교'에서는
'신덕지체'(信德知體)를 신앙교육의 4대 강령으로 삼고 있다. 우리 가
정도 가치관과 영적, 지적, 심리적, 정서적, 육체적 등 모든 영역에서
예수님의 참 제자로 합당한 열매를 맺도록 신덕지체로 전인적인 교
육을 하고 있다.

　4대 강령이 모두 중요하지만 그중에서도 특히 중요한 영역이 신

(信), 즉 경건한 믿음이다. 신앙교육에 있어 가장 중요하고 기본이 되는 것이 경건의 훈련이기 때문이다. 경건의 훈련은 자녀를 진리와 생명의 길로 이끄는 불변의 교육이기에 그 어떤 교육보다 우선순위에 두어야 하고 가장 많은 시간을 할애해야 한다.

그런데 시간은 저절로 생기지 않는다. 대가를 치르고 만들어내야 한다. 우리 가정이 지금까지 신앙교육을 지속할 수 있었던 가장 큰 힘은 우선순위를 바로 잡은 데 있다. 나는 바쁜 일상 속에서도 언제든, 어떤 상황에서든 말씀을 놓지 않으려고 애썼다. 어떤 신앙훈련을 하더라도 그것을 우선순위로 두지 않으면 실패할 수밖에 없기 때문이다.

그러므로 그 어떤 것보다 경건한 믿음을 위한 훈련을 가장 우선순위에 두자. 그렇게 변함없이 그 자리를 지키면, 소리 없이 내리는 이슬에 대지가 젖어들듯 우리의 믿음이 조금씩 자라는 것을 보게 될 것이다.

그렇다면, 우리 가정에서 할 수 있는 신앙의 훈련들은 어떤 것이 있을까? 또 우리 가정에서는 경건의 훈련을 위해 얼마만큼 시간과 물질을 투자할 수 있을까? 하나님은 당신을 영화롭게 하고 즐거워하는 삶을 살도록 우리에게 말씀을 주셨다. 우리에게 맡겨주신 자녀에게 경건의 훈련이 쌓여 말씀이 기준이 되는 삶을 살도록 주의 교훈과 훈계로 양육하자.

신앙교육의 청사진을 그리자

사람의 걸음은 여호와로 말미암나니 사람이 어찌 자기의 길을 알 수 있으랴 잠 20:24

첫아이가 생후 5개월 무렵, 유아세례 문답을 받기 위해 목사님을 찾았을 때의 일이다. 당시 대형 교회를 섬기고 있던 터라 문답 장소에는 여러 목사님이 앉아 계셨고, 우리 부부는 나름 선해 보이고 인품이 있어 보이는 분 앞에 해맑은 모습으로 앉았다.

"아이를 믿음 안에서 어떻게 키울 것인지 청사진을 얘기해보세요."

준비한 것과 달리 예상치 못한 질문을 받은 우리 부부는 꿀 먹은 벙어리가 되었다. 아이를 대신해 신앙고백을 하는 중요한 세례식을 앞두고 이런 고민 한 번 안 하고 왔냐며 호통치시는 목사님이 처음에는 원망스러웠다. 하지만 다시 생각해보니, "아이에게 성경 과외는 꼭 시키자"라던 결혼 전의 약속들, 믿음의 자녀로 키우기 위해 서로 나누었던 여러 가지 생각과 계획을 상기시키며 믿음의 청사진을 그리게 해주신 목사님을 만난 것이 참 감사했다.

수년째 일 년에 두 번씩 부모교육 강사로 섬기는 교회가 있다. 그 교회는 유아세례를 받기 전 부모교육을 실시한다. 부부가 꼭 참석해야 하고, 두 번의 부모교육 후 과제를 제출해야 세례 받을 자격이 주어진다. 어린 아기를 데리고 교육에 참석하는 게 쉽지 않지만 자녀를 믿음과 신앙으로 양육하는 것이 부모의 사명임을 깨닫고 성경적인 자녀 양육이 무엇인지 알게 된 후 유아세례를 받은 부모의 시작은 그렇지 않은 부모와 끝이 분명히 다를 것이다.

자녀 인생주기에 따른 부모의 신앙전수의 책임적 과제와 전략을 연구한 기독교 교육학자 헤인즈 박사는 다음 세대가 신앙을 전수받아 성장하기 위하여 걸어야 할 7단계의 중요한 신앙적 이정표(Milestones)가 있음을 제시한다.**

첫 번째 단계는 자녀가 영유아기를 지나는 동안 부모가 하나님 앞에 가정의 신앙교사로 헌신하는 단계(Baby Dedication)이다. 하나님께서 주신 자녀가 단순히 예수님을 아는 인생이 되기를 기대하는 데 그치지 않고, 그들이 예수님을 알아가며 결국 하나님나라의 제자로서 평생을 살아가는 것을 양육의 목적으로 삼고 이를 돕는 부모됨을 결단하는 것이다.

두 번째 단계는 자녀가 아동 전기를 거치는 동안 부모가 신앙의 기본을 자녀에게 가르치는 헌신의 단계(Faith Commitment)이다. 이때는 말씀과 기도, 예배와 섬김, 구원과 회개 등 그리스도인으로 자라가며 알아야 할 기본적인 개념들을 부모가 자녀에게 가르친다.

세 번째 단계는 자녀가 아동 후기를 거치는 시기에 부모가 자녀에게 기독청소년이 된다는 것의 영적인 의미를 알고 삶의 문화를 세워가도록 돕는 단계(Preparing for Adolescence)이다. 이 시기에 부모는 자녀가 경험하는 성에 대한 관심, 타인과의 관계, 나아가 하나님과의 관계에 대하여 성경적으로 고민하고 대화할 수 있도록 돕는다.

네 번째 단계는 자녀가 청소년기를 거치는 동안 거룩한 삶과 순결

(Commitment to Purity)에 대하여 합당하게 양육하는 단계이다.

다섯 번째 단계는 자녀가 청소년 고학년기를 거치는 동안 자녀의 비전과 진로를 결정하는 여정(Rite of Passage)에서 그들을 향하신 하나님의 부르심과 응답에 대하여 함께 기도하고 분별하고 격려하는 과정이다.

여섯 번째 단계는 자녀가 고등학교를 졸업하며 성인으로서 독립된 삶을 살아가기 시작하는 여정(High-school Graduation)이다. 이때 부모는 여기서 자녀가 육체적으로만 아니라 사회적, 영적으로 독립된 기독청년으로 살아가기 위해 필요한 구체적인 삶의 기술과 지식과 태도를 잘 알려주어야 한다.

마지막 단계는 자녀가 성인으로 살아가는 동안 삶에 이슈가 생길 때마다 그리스도 안에서 살아가는 삶(Life in Christ)을 살도록 격려하고 지원하는 단계이다. 부모는 우선적으로 자신의 삶이 자녀에게 신앙적인 모델이 되도록 살아가야 한다.

누구나 아이가 태어나면서부터 장성하기까지 행복한 삶을 살았으면 좋겠다는 막연한 기대를 가진다. 유치원부터 대학까지 상세한 로드맵을 그리며 자녀의 성공한 삶을 꿈꾸는 부모도 적지 않다. 하지만 자녀의 믿음과 신앙의 성장에 대해서는 생각조차 하지 않는 부모도 많다. 부모는 하나님이 맡겨주신 자녀가 영적 영유아기를 거쳐 독립된 그리스도인으로 믿음 안에서 잘 성장할 수 있도록 신앙을 교육하며 미래의 청사진을 그려야 한다.

미래를 확정하고 결정지으라는 얘기가 아니다. 우리는 자녀의 앞

날을 예측할 수 없을 뿐 아니라 우리가 만든 로드맵대로 갈 수도 없다. 자녀의 앞길을 주관하시는 분은 오직 하나님이시기에, 그분의 인도하심을 따라 목표와 목적을 분명히 하고 신뢰하며 가보자.

너는 마음을 다하여 여호와를 신뢰하고 네 명철을 의지하지 말라 너는 범사에 그를 인정하라 그리하면 네 길을 지도하시리라 잠 3:5,6

엄마표 신앙교육 신앙교육의 청사진 그리기

• 생애 주기에 따른 신앙훈련의 로드맵을 만들자

우리 가정은 사 남매 각각 신덕지체의 네 가지 영역으로 일 년, 한 달, 일주일 단위로 계획을 세운다. 계획대로 안 될 때도 많지만, 넘어지면 다시 일어나면 되고, 힘들면 잠시 쉬었다 가도 된다.

전인적인 신앙교육을 통해 영육이 건강하고 성숙하게 성장하기를 기대하며 로드맵을 만들어보자. 지혜주시길 기도할 때 각 가정과 자녀에게 맞는 방법들로 안내해주실 것이다.

거룩한 영적 습관을 만들자

다니엘은 뜻을 정하여 왕의 음식과 그가 마시는 포도주로 자기를 더럽

히지 아니하리라 하고 자기를 더럽히지 아니하도록 환관장에게 구하
니 하나님이 다니엘로 하여금 환관장에게 은혜와 긍휼을 얻게 하신지
라 단 1:8,9

성경 인물 중 자녀가 닮기 원하는 한 사람을 꼽으라면, 나는 단연
다니엘을 택할 것이다. 다니엘은 어렸을 때부터 뜻을 정하고 믿음을
절대 굽히지 않았다. 바벨론에서 포로생활 중에도 악한 시대 환경에
지배 당하지 않고 오히려 영향력 있는 삶을 살았다. 그의 이런 힘은
어디에서 나왔을까?

다니엘이 이 조서에 왕의 도장이 찍힌 것을 알고도 자기 집에 돌아가서
는 윗방에 올라가 예루살렘으로 향한 창문을 열고 전에 하던 대로 하
루 세 번씩 무릎을 꿇고 기도하며 그의 하나님께 감사하였더라
단 6:10

다니엘은 왕의 조서에 도장이 찍힌 것을 알았다. 이는 누구든지 왕
외의 어떤 신이나 사람에게 기도하면 사자 굴에 던져진다는 것을 알
았다는 의미다. 그럼에도 그는 윗방으로 올라가 예루살렘으로 향한
창문을 열고 거룩한 습관을 따라 하던 대로 하루에 세 번씩 무릎을
꿇고 기도하며 하나님께 감사했다.
　여기서 주목해야 할 것은 다니엘의 '전에 하던 대로'의 영성이다.
연약한 우리는 어떤 문제나 위기에 직면할 때 하나님을 원망하거나

타협의 자리를 선택하기도 한다. 하지만 다니엘은 묵묵히, 전에 하던 대로 기도와 감사의 자리로 갔다. 죽음이 눈앞에 도사리고 있음에도 왕의 금령 따위를 두려워하지 않았던 이유는 왕보다 크신 하나님을 경외했기 때문이다.

'전에 하던 대로'의 거룩한 습관은 상황과 환경을 따르지 않는다. 어떠한 상황에서도 회피하거나 외면하지 않고 정면돌파하는 힘이 있다.

마땅히 행할 길을 아이에게 가르치라 그리하면 늙어도 그것을 떠나지 아니하리라 잠 22:6

"세 살 버릇 여든까지 간다"라는 속담처럼 좋은 습관이든 나쁜 습관이든 평생의 삶에 영향을 미친다. 그래서 우리는 좋은 습관을 만들기 위해 노력한다. 그러다 보면 나중에는 그 습관이 나를 만들어가는 것을 알게 될 것이다. 작은 행동의 반복이 습관이 되고, 습관은 곧 삶이 되기에 어릴 때부터 자녀에게 거룩한 영적 습관이 자리 잡도록 도와주어야 한다.

가정은 좋은 습관, 거룩한 습관을 기르는 은혜의 공간이다. 우리 가정에서도 맡겨주신 자녀들에게 거룩한 습관이 쌓이도록 매일 경건의 훈련을 함께한다. 그중 하나가 아침에 눈을 뜨면 시편으로 주님을 찬양하고 감사기도로 하루를 시작하는 것이다. 이런 습관을 통해 아이들은 기도해야 할 문제 앞에 함께 손을 모으고, 날마다 읊조리는 말씀과 묵상, 예배를 통해 하나님의 사람으로 조금씩 성장해가고 있다.

영적인 습관은 단번에 만들어지지 않는다. 오랜 시간과 훈련이 필요하며 머리가 아닌 몸으로 익히는 과정이다. 어려서부터 습관화된 영적훈련은 성인이 되어서도 고스란히 삶에 녹아 있을 수밖에 없다. 지금보다 더 악하고 험한 시대를 살아갈 자녀들이 삶의 위기와 고난 앞에서 인간적인 이해타산을 따지기 전에 습관을 따라 믿음의 자리를 지킬 때, 뜻을 정해 자신을 더럽히지 않았던 다니엘처럼 하나님의 지혜와 능력을 경험하는 자로 서게 될 줄 믿는다.

거룩한 습관이라고 해서 거창한 목표를 설정하고 도전해야 하는 것이 아니다. 아무 일도 일어나지 않을 것 같은 평범한 일상에서 매일 작은 말씀의 씨앗을 심는 것부터 시작하면 된다. 그 작은 변화가 쌓이고 쌓이면 꽃을 피우고 열매를 맺는 날이 온다.

우리 가정을 볼 때, 거룩한 습관이 몸에 밸 수 있게 하는 힘은 간절함에 있음을 배운다. 간절함은 모든 걸 쏟아붓게 만든다. 그것이 정답인 걸 알기 때문이다. 간절한 사람은 어떻게 해서든 그것을 붙잡으려 노력하고 지속할 방법을 찾으며 애를 쓰지만, 그렇지 않은 사람은 하지 못하는 이유와 핑계를 댈 뿐이다. 간절하면 무조건 하게 된다.

사실, 신앙훈련이나 성경적인 자녀교육을 하지 않는다고 지금 당장 아이의 삶에 무슨 일이 일어나는 것은 아니다. 하지만 우리는 모두 삶의 여정 가운데 고난의 시간을 반드시 거치게 된다. 그 시간 속에서도 우리 자녀가 다니엘처럼 뜻을 정해 믿음을 굽히지 않는 사람으로 서기를 바란다면, '전에 하던 대로'의 거룩한 습관이 길들여지도록 마땅히 행할 길을 가르치자.

> 그가 사모하는 영혼에게 만족을 주시며 주린 영혼에게 좋은 것으로 채워주심이로다 시 107:9

또한 전인적인 변화를 위해서는 가르치는 것과 함께 아이의 삶 속에 신앙을 녹여내는 시간이 반드시 필요하다. 그 시간을 가장 가까이에서 보내며 가장 깊숙이 이 교육을 함께할 수 있는 사람은 단연 부모다. 우리의 언어와 태도, 가치, 삶과 기도의 방향을 잃지 않는 신앙, 그 신앙이 거룩한 습관이 되고 문화가 되도록 가정에서 함께 만들어가자.

거룩한 습관 없이는 하나님과 동행할 수 없다. 거룩한 영적 습관이 한 사람의 변화를 넘어 많은 사람을 하나님께로 돌아오게 하는 도구가 된다는 것을 보여준 다니엘처럼 삶의 자리에서 변화를 주도하는 자녀로 키우자. 다니엘에게 학문을 주시고, 모든 서적을 깨닫게 하시고, 모든 환상과 꿈을 깨달아 알도록 통찰력과 지혜를 주신 것처럼 우리 자녀에게도 동일한 은혜가 있기를 소망하며 거룩한 습관을 만들자.

엄마표 신앙교육 거룩한 습관 만들기

• 부모가 먼저 거룩한 습관의 사람이 되자
삶 속에서 녹여낸 신앙이 습관이 된다. 하루에 세 번씩 기도했던 다니엘처럼 부모가 먼저 영적 습관을 만들어 가자. 자녀와 함께 삶으로 살아낼 거룩한 습관을 훈련하자.

• 거룩한 습관이 필요한 영역을 찾아 작은 것부터 실천하자
언어, 태도, 가치, 신앙 등 영적훈련이 필요한 다양한 영역이 있지만 실행할 수 있는 작은 일을 택해 습관을 만드는 훈련을 시작하자. 성경 일독, 하루 한 시간 기도, 100절 암송하기 같은 거창한 목표를 정하기보다 매일 성경 1절 읽기, 기도 1분 하기, 일주일 동안 한 구절 암송하기 같은 작은 실천을 매일매일 실행해보자. 차곡차곡 쌓인 습관이 나와 자녀와 가정을 변화의 자리로 이끌 것이다.

가장 큰 선물
첫째와 둘째가 모두 교회연합 전국 어린이 암송대회에 참가한 날이었다.
"어머니, 만약에 저희가 입상하면요, 선물 하나만 사주세요."
"무슨 선물? 입상하면 그게 선물일 텐데 무슨 선물이 더 필요해?"
"아니, 어머니도 저희가 입상하면 기쁘실 테니까 기쁨의 표현으로

작은 거라도….”

큰아이가 말끝을 흐리며 웃어 보였다.

“가방 싸서 일어나! 이런 요행을 바라는 대회라면 엄마는 참가할 의사가 없어.”

“어머니, 아니에요. 잘못했어요. 그냥 대회에만 참가하게 해주세요.”

자리를 박차고 일어났더니 둘째가 내 다리를 붙들고 사정을 했다. 마지막까지 빈틈을 보이지 않는 내 전략에 두 형제는 두 손 두 발 다 들고 그저 참가에만 의의를 두기로 했다. 아이들이 대회장으로 들어간 후 독백 같은 기도가 흘러나왔다.

“하나님, 오늘 같은 날은 하나님도 참 곤란하실 것 같아요. 모든 아이가 열심히 했을 테고, 또 모든 엄마의 기도가 비슷할 텐데 저라도 근심을 좀 덜어드려야겠어요. 지금까지 말씀의 은혜를 주심에 감사합니다. 여기까지 온 모든 것이 주님의 은혜임을 고백합니다. 제 욕심과 바람은 내려놓아요. 주님의 뜻대로 하옵소서!”

대회가 끝나고 시상을 앞둔 첫째가 예전과는 사뭇 다른 모습을 보였다. 화장실을 몇 번이나 다녀오고 좌불안석이었다. 자기가 원해서라기보다는 교회의 권면으로 참여한 대회였지만, 전국 대회까지 일사천리로 왔기에 상을 기대하는 마음이 컸던 모양이다.

그렇지만 처음 시작했던 마음을 상기시켜줄 필요가 있었다. 암송의 목적과 이유, 그리고 주님의 섭리에 대해 첫째 아이와 얘기를 나누었다. 엄마의 논리에 반박은 하지 않았지만, 그래도 전국 대회인 만큼 상은 꼭 받고 싶어 하는 눈치였다.

"어머니, 그동안 열심히 해왔으니까 하나님께서 동상이라도 주시 겠죠? 꼭 주셨으면 좋겠어요. 그동안 열심히 노력했잖아요. 정말 받 고 싶어요."

"마음을 비워. 네가 상 때문에 온 거라면 엄마가 지금까지 널 잘못 가르친 거야. 네 사명은 여기까지다."

"네, 그래도 받고 싶은 마음은 이해해주세요."

"그럼, 당연히 이해하지. 하지만 주셔도 감사! 안 주셔도 감사! 결 과에 따라 낙심하거나 실망하거나 속상해하지 않기! 너는 이미 말 씀이라는 최고의 상을 받았으니까, 알지?"

"네. 노력할게요."

암송대회를 준비하는 과정에서 무엇을 가르쳐야 할지 고민했다. 물론 대회가 요구하는 자세와 발음, 전달력도 무시할 수 없지만, 가 장 중요한 것이 무엇인지 아이들에게 알려주어야 했으니까. 우리의 가치는 상에 있지 않다는 것 말이다.

틀리지 않고 일정한 톤으로 멋지게 암송하는 것도 중요하지만, 말 씀 그 자체가 큰 은혜이며, 그 은혜는 어떤 상과도 비교할 수 없는 가치인 것을 말하고 또 말해주었다. 아이들이 기도할 때도 "하나님, 암송 잘하게 해주셔서 금상으로 하나님께 영광 돌리게 해주세요" 같 은 말은 입 밖에도 못 내게 했다. 금상이 하나님께 영광이 되는 것이 아니라 준비하는 과정 자체가 하나님의 영광이 되도록 기쁨과 감사 로 말씀을 새기며 최선을 다하라고 반복해서 일러두었다. 어느덧 아이들도 말씀 자체가 은혜임을 깨닫게 해달라고 기도하고 있었다.

그리고 대회는 살아 계신 하나님의 말씀을 선포하는 자리로 즐기는 것에 의의를 두자고 했다. 쟁쟁한 아이들 틈에서 혹시나 좌절할까 하는 작은 염려도 있었지만, 평소 암송하는 것이 큰 은혜임을 아이들이 알기 바랐다.

"어머니, 아까 암송하기 전에 이런 기도를 했어요. 상이 목적이 아니라 그 자리에서 말씀을 잘 선포할 수 있도록 해달라고요. 또 아버지가 늘 말씀하신 것처럼 다른 친구가 경쟁 상대가 아니라 저 자신과 싸우게 해주시고, 상을 타야겠다는 마음을 버리게 해달라고요. 자꾸 상 타고 싶은 욕심이 생기는 거예요. 그래서 그 마음을 버리게 해달라고 계속 기도했어요."

"나랑 기도한 제목이 똑같네. 끝이 조금 다르긴 한데, 나도 상이 목적이 아니라 말씀을 잘 선포할 수 있게 해달라고, 나를 이기고 마음을 비우게 해달라고 기도했거든."

형제들의 기도에 나는 눈시울이 붉어졌다. 어찌되었든 형제는 바라던 대로 상을 받았다. 주일에 감사헌금을 준비시켰는데, 아이들의 감사제목이 내게 한 번 더 감동을 주었다.

큰아이는 "전국 대회에서 하나님의 말씀을 선포할 수 있도록 해주셔서 감사합니다"라고 적었고, 둘째 아이는 "전국 대회에서 주님을 찬양하게 해주셔서 감사합니다"라고 했다. 상을 주셔서가 아니라 말씀 자체를 감사하는 입술이 기특하고 고마웠다. 두 형제라고 어찌 상에 욕심이 없었을까. 상을 받고 싶고 누리고 싶은 마음은 누구에게나 있다. 하지만 언제나와 같이 엄마의 가르침과 방향을 잘 따라 주고 마음을 지켜준 아이들이 참 고마웠다.

나 역시 엄마이고 사람인데 욕심이 없다면 거짓말이다. 그렇기에 끊임없이 말씀 앞에서 나를 조명하며 마음을 내려놓기 위해 치열한 싸움을 해왔노라 고백한다. 모든 것이 주님의 은혜이고 드릴 것은 감사밖에 없는데 무엇을 자랑할 수 있을까! 아이들과 내가, 그리고 우리 가정이 자랑할 것은 오직 십자가밖에 없다.

우리는 다시 일상으로 돌아와 늘 그랬던 것처럼 연약하고 부족한 우리의 마음에 살아 계신 하나님의 말씀을 심으며 하나님께 영광을 올려드렸다. 노력을 통해 성취한 작은 보상은 그동안의 과정에 대한 위로와 격려가 되었고, 또 다른 일을 성취하는 데에도 든든한 밑거름이 될 것을 확신한다. 말씀 자체가 목적이지 결코 수단이 될 수 없음을 기억하고, 자녀에게도 이것을 확실하게 가르치자.

엄마표 신앙교육 말씀 자체가 가장 큰 선물이다

• 말씀이 가장 큰 선물임을 가르치자

우주 만물을 창조하신 하나님, 말씀이신 하나님이 내 안에 거하시는데 이보다 더 좋은 선물이 있을까? 나를 구원하신 그 사건 하나만으로도 우리는 이미 너무 큰 선물을 받았다. 말씀을 소유할 수 있는 은혜, 그것이 가장 큰 선물임을 가르치자(요 1:1-3).

• 지혜와 지식의 종합선물세트, 말씀을 선물하자

말씀이 최고의 종합선물세트임은 성경이 증명하는 바다. 그 어떤 선물보다 가치 있고, 지혜와 지식의 모든 보화가 감춰져 있으며, 소멸되지 않고 영원할 뿐 아니라 능하지 못함이 없는 최고의 선물인 말씀을 자녀에게 선물하자(골 2:3; 사 40:8).

말씀교육 삼총사 1. 말씀 심는 성경암송

이 율법책을 네 입에서 떠나지 말게 하며 주야로 그것을 묵상하여 그 안에 기록된 대로 다 지켜 행하라 그리하면 네 길이 평탄하게 될 것이며 네가 형통하리라 수 1:8

암송학교에 오시는 분 중 간혹 다른 목적을 가진 분들이 있다. 암송을 자녀의 지능 발달 혹은 남들보다 뛰어난 자녀로 키우기 위한 통로로 생각하는 경우다. 그런가 하면 이 교육이 자신과 맞지 않다고 진저리치며 거부하는 분도 만났다.

그러나 말씀암송은 선택의 문제가 아닌 하나님의 명령이자 예수님의 가르침이 담긴 신앙훈련이다. 내 구미에 맞는 말씀만 편식하듯 골라 외우며 번영을 기대해서는 안 된다. 기도는 내 뜻을 하나님께 관철시키는 것이 아니라 하나님의 뜻을 구하고 따르는 것이다. 이것을 안다면 말씀암송도 살아 계신 하나님의 말씀에 내 삶을 비춰보는 일임을 알아야 한다. 빛 되신 주님이 내가 죄인인 것을 깨닫게 하시고, 빛과 진리의 길로 인도해주시는 과정임을 알아야 한다.

날마다 자아를 죽이고 살아 계신 하나님의 말씀을 믿음으로 선포하는 일은 성령충만한 삶으로 이어질 뿐 아니라 하나님이 부어주시는 지혜와 은혜를 경험하는 시간이기에 부모와 자녀가 함께 사모해야 하는 훈련임에 틀림없다. 그래서 나는 사 남매에게 사시사철 보약을 먹인다. 바로 '말씀보약'이다.

자녀들이 이 땅에서 하나님의 자녀로 살기 위해 평생 먹어야 하는 보약은 구약과 신약이다. 이것이 영적 면역력을 길러줄 수 있는 유일한 길이다. 말씀의 은혜를 경험한 부모라면 자녀에게 말씀을 먹이지 않을 수 없다.

엄마표 신앙교육 성경을 먹이고 말씀을 심어야 하는 이유

• 살아 계신 하나님의 말씀이기 때문이다

말씀이신 예수님을 내 안에 모시는 일은 예수님의 임재와 은혜와 진리로 충만해지는 것이다. 우리의 자녀가 예수님과 동행하길 원한다면 말씀암송은 필수 훈련이 되어야 한다. 예수님을 사랑한다고, 예수님이 나의 전부라고 고백하는 데 그치지 말고, 그분을 마음 깊이 모셔 들이자(요 1:1).

• 하나님의 명령이다

하나님은 부모에게 먼저 말씀을 마음에 새길 것을 명하시고, 자녀에게 부지런히 가르쳐야 할 사명을 주셨다. 말씀을 입에서 떠나지 말게 하며, 주야로 그것을 묵상하여 그 안에 기록된 대로 다 지켜 행하면 우리의 길이 평탄하게 될 것이며 형통하리라는 명령과 약속을 함께 주셨다. 하나님의 명령에 순종하자(신 6:6,7).

• 말씀이 이끄는 삶을 살 수 있다

부모가 이끄는 삶은 한 치 앞도 볼 수 없는 어둠이지만, 주님의 말씀은 빛으로 인도하는 생명의 길이다. 자녀의 길은 오직 주님만 아신다(시 16:11).

• 하나님의 음성에 가장 민감한 안테나를 소유하게 된다

기도의 가장 확실한 응답은 말씀이다. 이 말씀으로 주시는 성령의 인도하심을 통해 거룩한 삶을 살 수 있다. 자녀가 주님의 음성을 듣고 주님의 뜻대로 살길 원한다면 말씀을 먹여 들리게 해야 한다. 날마다 하나님의 얼굴을 구하고, 주께 주파수를 맞춤으로 주님과의 네트워킹이 끊어지지 않게 하자(요 10:27).

• 세상을 이길 무기, 성령의 검을 얻는다

우리의 싸움은 하늘에 있는 악한 영들과의 싸움이다. 마귀의 간계를 능히 대적하기 위해서는 이길 수 있는 무기를 소유해야 한다. 우

리에게 주어진 전신갑주 중 유일한 공격용 무기는 성령의 검, 곧 하나님의 말씀이다. 세상을 이길 수 있는 힘은 오직 말씀에서만 얻을 수 있다(엡 6:17).

• 자녀를 가장 안전한 하나님께 맡기는 길이다
부모는 자녀를 완전하게 보호할 수 없다. 하지만 자녀의 마음에 새긴 말씀이 자녀를 붙들며, 주님과 동행하게 하고, 죄의 길에서 돌이키게 한다. 자녀의 마음에 말씀 GPS를 심어놓자. 가장 안전한 길로 인도하시며 끝까지 보호해주실 것이다(시 119:11).

• 불변하는 진리, 살아 있는 교육이다
이 세상의 어떤 교육으로도 구원에 이르는 지혜를 가르칠 수 없다. 하나님의 사람으로 온전하게 하고 모든 선한 일을 행할 능력을 갖추게 하는 것은 오직 말씀뿐이다(딤후 3:15-17).

말씀을 심는 실천 가이드
세상을 바꾸는 사람은 위대한 사람이 아니라 거룩한 사람이라는 말이 있다. 자녀에게 말씀을 새기는 일도 위대한 사람을 만들고자 함이 아니라 이 세대를 본받지 않고 하나님의 선하시고 기뻐하시고 온전하신 뜻이 무엇인지 분별할 줄 아는 거룩한 사람으로 키우기 위함이다.

빠른 정보의 홍수 속에 살고 있는 우리는 말씀암송교육이 가장 느리고 지루한 교육법이라고 생각할 수도 있다. 하지만 이것이 가장 먼저 진리에 도착하는 지름길이다.

　어느 교회에 강의를 하러 갔다가 다양한 사고와 생각을 품고 커야 할 아이들에게 왜 말씀을 세뇌시켜야 하느냐는 질문을 받은 적이 있다. 표준국어대사전에 의하면 '세뇌'란 '사람이 본디 가지고 있던 의식을 다른 방향으로 바꾸게 하거나, 특정한 사상이나 주의를 따르도록 뇌리에 주입하는 일'이다. 풀어 말하자면, 그릇된 사상을 집어넣어 이성을 마비시킴으로 세뇌한 사람의 의도대로 그 상대방을 통제하며 자유를 제한하고 왜곡된 것을 진리로 믿게 하는 것이라 할 수 있다.

　말씀암송은 세뇌가 아니라 진리를 새기는 일이다. 자유를 제한하지 않고 오히려 진리 안에서 참 자유를 누리도록 하는 것이 말씀이다. 그렇다면 말씀을 세뇌하는 일이야말로 두 팔 벌려 환영해야 할 일 아닐까? 말씀이신 하나님을 내 안에 모셔들일 때 일어나는 역사는 경험해보지 않은 사람은 모른다. 말씀암송의 비밀 문을 열고 들어와 보길 바란다.

　자녀의 암송 선생님으로 엄마가 가장 탁월한 이유는 아이의 상태를 가장 잘 아는 사람이 부모이기 때문이다. 난 첫째만 잘 훈련시키면 둘째부터는 순탄한 길을 걷는 줄 알았다. 하지만 내 바람이 무색하게 사 남매는 외모, 성격, 성향, 학습 능력 등 모든 것이 달랐다. 즉, 신앙의 훈련도 일대일 제자양육으로 이뤄져야 한다는 뜻이다.

조금이라도 편하게 갈 수 있을 거라는 내 생각은 둘째부터 뒤집어졌다. 암송태교로 태어난 둘째에게는 기대하는 바도 남달랐다. 하지만 이 아이에게 한 절의 말씀을 새기는 것보다 내 가슴에 참을 인(忍)을 수만 번 새기는 게 더 빨랐다.

첫째 아이를 통해 미리 연단되지 않았더라면, 나는 호락호락하지 않은 아이를 쥐 잡듯 잡았을 것이다. 하지만 첫째를 통해 미리 훈련받았기에, 둘째 아이를 감당할 수 있는 능력을 주셨음에 감사할 수 있었다.

인고의 시간을 지나 둘째가 역량을 발휘하기 시작했고, 거룩한 습관들이 자리를 잡아갔다. 말씀의 습득 능력은 아래로 내려갈수록 빠르다. 말씀이 있는 가족들과 함께 있으니 말씀에 그만큼 많이 노출되고, 자연스러운 환경 속에서 듣는 말씀이 쌓이고 쌓인다.

암송하는 시간들이 쉬웠던 것만은 아니다. 죄로 가득한 우리가 어찌 날마다 말씀의 은혜를 경험할 수 있을까? 그럼에도 아이들을 말씀 가운데 세우고, 은혜를 경험할 수 있도록 겸손하게 구하며 반복할 수밖에 없는 이유는 그것이 진리임을 알기 때문이다.

나는 아무리 바쁘더라도 말씀을 놓지 않으려고 애썼다. 잠자리에 들기 전에 아이들에게 말씀을 반복해서 들려주기도 하고, 차를 타고 이동할 때 등 자투리 시간을 활용하거나 따로 정해 놓은 시간에 말씀을 새겼다.

자녀 네 명의 나이와 수준, 암송 말씀의 분량에 따라 하루 10분에서 1시간까지 암송훈련 시간을 조절했다. 기본적으로 우리 가족은

'303비전성경암송학교' 커리큘럼을 따라 말씀을 암송한다. 1,000절 암송을 일찌감치 끝낸 첫째 아이는 그다음으로 로마서 말씀을 암송하길 원했다. 로마서 암송 후 구원의 확신과 죄에 대해 확실하게 깨닫게 되는 은혜가 있었다. 지금은 잠언을 한글과 영어로 암송하며 하나님의 지혜를 구하고 있다.

부모가 진입하거나 통제할 수 없는 자녀만의 영역이 있다. 그곳에 말씀을 심으면, 하나님의 역사가 시작된다.

> 그런즉 심는 이나 물주는 이는 아무것도 아니로되 오직 자라게 하시는 이는 하나님뿐이니라 고전 3:7

암송은 하나님을 알고 나를 아는 것이며, 지식이 아닌 경건을 위한 것이다. 그러므로 자기 의로움이 아닌 하나님의 의로움을 알아가는 것에 목적을 두어야 한다. 말씀의 씨앗은 이미 내 손에서 떠났다. 자녀들의 마음 밭에 심긴 씨앗은 생명을 품고 있다. 살아 계신 하나님의 말씀이기 때문이다. 씨앗이 마음에 담기면 하나님이 완벽한 때에 싹을 틔우고 열매를 맺게 하실 것이다.

> 그의 영광의 풍성함을 따라 그의 성령으로 말미암아 너희 속사람을 능력으로 강건하게 하시오며 믿음으로 말미암아 그리스도께서 너희 마음에 계시게 하시옵고 너희가 사랑 가운데서 뿌리가 박히고 터가 굳어져서 능히 모든 성도와 함께 지식에 넘치는 그리스도의 사랑을 알고 그

너비와 길이와 높이와 깊이가 어떠함을 깨달아 하나님의 모든 충만하신 것으로 너희에게 충만하게 하시기를 구하노라 엡 3:16-19

엄마표 신앙교육 말씀 암송 실전 가이드

• 개인, 맞춤 암송계획을 세우자

언제까지 몇 절의 말씀을 암송해야 한다는 법은 없다. 하루에 암송하는 분량이 정해져 있는 것도 아니다. 하루에 여러 절의 말씀을 암송하는 아이가 있는가 하면, 일주일에 한 절을 암송하기도 힘든 아이가 있다. 아이의 연령과 수준을 고려해 아이에게 적합한 맞춤 계획을 세우면 된다.

아이가 감당할 수 없는 데도 엄마의 만족을 위해 목표를 설정하면 안 된다. 작은 성취를 맛볼 수 있도록 천천히 조금씩 하는 것에 목표를 두라. 아이를 빨리 자라게 하려고 한꺼번에 몇 끼씩 밥을 먹이지 않는 것처럼 꾸준하게 매일매일 영혼의 양식을 먹이자.

부디 암송하는 구절 수와 속도의 강박에서 벗어나길 바란다. 암송하는 구절과 속도보다 중요한 것이 말씀을 마음에 새기는 것이다. 한 절이라도 마음에 새겨지는 말씀 자체가 큰 선물이다.

• 들려주기부터 시작하자

태에서부터 7세까지는 들려주는 것만으로 충분히 암송이 가능하다. 아이들이 집중할 수 있는 시간은 그리 길지 않기에 시간을 쪼개어 활용해도 좋다. 자녀들이 어릴 경우 잠자는 시간을 활용하길 권한다. 매일 밤 5-15분 정도 말씀을 들려줄 때 일어나는 기적을 경험해보고 싶다면 말이다. 아이들이 놀고 있는 장소에 자연스럽게 말씀 소리를 들려주는 것도 좋다. 세상의 요란한 소리를 줄이고 온전히 하나님의 말씀이 들리게 하자. 믿음은 들음에서 난다.

"그러므로 믿음은 들음에서 나며 들음은 그리스도의 말씀으로 말미암았느니라"(롬 10:17).

• 읽어주기, 암송하기

아이들은 스스로 읽고 암송할 수 있어도 엄마의 목소리를 통해 듣는 것을 좋아한다. '암송'이라는 말에 거부감이 있는 아이들에겐 그냥 읽어주자. 부족한 부분은 엄마가 채워주면 된다. 언어가 발달한 아이라면 한 소절씩 따라하게 하자.

이미 훌쩍 커버린 아이들도 엄마와 주거니 받거니 암송하는 걸 좋아한다. 말씀을 새기는 것도 언어를 습득하는 원리와 같다. 듣고 말하고 읽고 쓰면 된다. 서로 소통하듯 암송하다 보면 단어가 쌓이고 문장으로 이어져 어느새 마음에 말씀이 새겨진다.

암송할 말씀을 선정할 때 되도록 통째로 암송하길 권한다. 구미에 맞는 말씀만 골라 편식하듯 암송하면 오류를 범할 수 있다. 전체 맥락을 이해할 수 있도록 암송해보자.

• 가족과 함께 암송하기

가정예배 시간에 함께 암송하면 시너지 효과가 크다. 서로 부족한 부분을 채우며 격려하기 때문이다. 형제가 있는 경우에는 가족들의 응원과 지지로 힘을 얻기도 한다. 온 가족이 함께 말씀을 소유하는 것만큼 큰 은혜는 없다. 가족 모임을 이용해 자신감을 북돋아 주자. 가족의 칭찬은 아이에게 암송의 소중한 동기 부여가된다.

• 일관성과 반복의 중요성

말씀을 잊어버리지 않고 잘 암송하는 방법은 무한 반복이다. 반복은 지속을 거쳐 습관이 되고 체화되는 과정이다. 늘 변함없이 그자리를 지키는 것만으로도 큰 훈련이 된다. 새로운 말씀을 새기는 것보다 반복이 더 중요하다. 한 말씀이 주기도문 수준으로 암송될 때까지 반복하고 반복하자. 특히 그날 외운 말씀을 잠자기 전에한 번 더 상기하면 기억에 도움이 된다.

• 소리 내어 암송하자

소리 내어 암송하는 이유는 하나님의 말씀을 듣기 위함이다. 내 입술을 통해 선포되는 말씀을 다시 들음으로 믿음의 자리로 갈 수있다. 아이들이 말씀을 속사포처럼 암송하고 빨리 끝내고 싶어 할때가 있다. 그럴 때는 천천히, 정확하게 말씀을 선포하는 것이 중요하다고 말해주자. 내 입술을 통해 듣는 말씀이지만 한 절 한 절

다시 생각과 마음에 새기고 그 말씀이 나를 주장하도록 소리 내어 암송하자.

• 꼭 점검을 해주자

암송을 복습할 때 혼자 암송 책이나 성경을 보면서 암송하는 경우가 있다. 암송한 말씀이라 할지라도 이렇게 책을 보면서 외우면 완벽하게 외운 것 같은 착각을 하게 된다. 성경을 덮고 외울 수 있어야 진짜 외운 것이다. 그래서 암송하는 자리에 함께 점검하며 격려하는 엄마가 필요하다. 형제가 있는 경우라면 서로서로 점검할 기회를 주자. 서로 듣고 말하면서 한 번 더 복습할 수 있을 뿐 아니라 암송 동지가 된다.

• 보상과 협박을 경계하자

간혹 말씀을 심기 위해 보상과 협박을 사용하는 엄마들이 있다. 협상형 보상(네가 ~하면, 네가 ~하지 않으면 등)이 아이들이 어릴 때는 통하고 당장 눈앞에 원하는 결과를 가져다줄 수 있지만 지속하기는 쉽지 않다. 보상에 앞서 당위성과 마음의 동기 부여가 중요하다. 왜 말씀을 먹어야 하는지 끊임없이 이야기해주고, 암송을 당연한 신앙훈련으로 받아들이게 하자.

아이들의 노력에 대한 보상이 중요하고 필요하지만, 보상은 아이들을 수동적으로 만들 수 있다. 보상이 사라지면 암송을 안하거나 더 큰 보상을 바라게 되기 때문이다. 보상은 기대 없이, 예고 없이 받을 때 가장 유익하다. 보상은 선물이지 조건부 협상카드가 아니기에 부상 제도의 남용은 금물이다. 단, 아이의 수고와 노력에 대한 칭찬과 격려는 암송과 함께 필수로 장착해야 할 옵션이다.

• 발음과 토시는 중요하지 않다

어린 자녀들과 암송하는 엄마들 중에 아이의 발음과 토시에 매이는 분들이 간혹 있다. 하지만 발음이나 토시는 중요하지 않다. 반복해서 암송하다 보면 그런 것은 자연스럽게 고쳐진다. 엄마의 욕심 때문에 이것저것 지적하다 보면 중요한 걸 놓친다. 말씀 자체에 비중을 두도록 엄마의 욕심을 내려놓자.

• 칭찬과 격려를 아끼지 말자

암송은 영적 전쟁이며 고되고 힘든 과정이다. 그 과정의 어려움을 극복할 힘은 응원과 격려와 지지를 해주는 사람에게서 얻을 수 있다. 엄마는 아낌없는 칭찬과 응원을 줄 수 있는 동역자다. 마치 아이가 첫걸음을 떼었을 때처럼 격하게 기뻐하고 반응해주어야 한다. 단, 영혼 없는 칭찬은 오히려 독이 된다. 아이의 열심과 최선을 인정해주고 공감해주는 것으로 충분하다. 간혹 아이마다 칭찬의 코드가 다른 경우가 있다. 말이나 스킨십 등 아이가 좋아하는 칭찬을 파악해 반응해주자.

• 동역자를 만들어주자

주위에 암송하는 아이들이 없는 경우, 아이 혼자서 외로운 시간을 건디기엔 많은 어려움이 있다. 그럴 때는 동역자를 만들어주자. 함께하는 친구가 있다는 것만으로도 아이에게는 큰 위로와 힘이 될 것이다. '303비전 꿈나무 제도'는 동역자를 만나는 귀한 시간이다.

말씀교육 삼총사 2. 말씀 먹는 성경읽기

어느 날 가정예배를 드리는데 두 아들의 성경이 안 보였다.

"얘들아, 성경은?"

"앗! 교회에 두고 왔어요. 나올 때 챙긴다는 걸 깜박했어요. 오늘은 집에 있는 걸로 예배드리고 나중에 찾아올게요."

"얘들아, 만약에 돈이 가득 들어 있는 지갑을 교회에 놔두고 왔다면 어땠을까? 놀라서 지금 당장 달려가지 않았을까?"

아이들의 태연하고 당당한 모습이 무척이나 괘씸했다. 잃어버릴 걸 잃어버려야지! 예배드린 후 당장 찾아오도록 했다.

말씀의 홍수에 살다 보니 귀함과 소중함에 무감각해질 때가 있다. 뮤지컬 〈The Book〉을 보고 자신들이 성경이 되기를 소망하며 눈물 흘리던 형제들 아닌가? 성경을 찾아 돌아온 형제들에게 짧고 굵게 한마디 했다.

"말씀을 가장 귀하게 여겨라!"

아이들에게 성경을 먹이는 이유는 말씀이 곧 하나님이시기 때문이다. 하나님은 말씀을 통해 우리에게 당신을 계시하시며, 말씀 속에서 그리스도의 영광을 보게 하신다. 성경은 우리가 유일하고도 분명하게 볼 수 있는 하나님이다.

존 파이퍼는 하나님의 말씀은 믿음을 일깨우고 강하게 하며, 듣는 일을 통해 성령을 공급하시며, 생명을 창조하고 유지할 뿐 아니라 소망을 준다고 했다. 말씀이 우리를 자유로 인도하며, 우리가 드리는 기도 응답의 열쇠이자 지혜의 근원이 된다는 것이다. 또한 말씀은 우리에게 결정적인 경고를 주고, 마귀를 물리칠 수 있게 해주며, 크고 지속적인 기쁨의 근원이 된다고 말했다.

자녀들의 모든 생각과 사고를 말씀으로 가득 채우기 위해서는 성경을 읽혀야 한다. 그 어떤 조기교육보다 먼저 이루어져야 하는 조기교육이 바로 성경읽기다. 지금의 세상에서는 선과 악이 불분명하고 진실과 거짓을 구분하기 어려울 뿐 아니라 미혹과 유혹이 난무하고 있다.

이러한 세상을 살아가는 아이들에게 '말씀'이라는 분명한 기준이 없다면 아이들은 시험에 넘어지고 사탄의 올무에 걸릴 수밖에 없다. 성경의 창조, 타락, 구속, 회복의 과정을 통해 명제적 진리를 배워 모든 기준이 성경이 되게 하자. 말씀의 기준으로 세상을 바라볼 때 명확하고 선명한 기독교 세계관을 가지고 승리하게 될 것이다. 자녀들이 모든 전쟁에서 승리할 수 있는 길은 성령의 검, 말씀을 가지는 것뿐이다.

엄마표 신앙교육 성경의 가치를 알고 말씀의 자리를 지키게 하자

• 성령의 검을 들려주자

아이의 손에 들려야 할 것은 스마트폰이 아니라 하나님의 말씀, 성령의 검이다. 자녀의 믿음을 일깨우고, 강하게 하며, 진리와 생명의 길로 인도하는 것은 하나님의 말씀밖에 없다. 우리에게 맡겨주신 자녀가 세상에 맞서 싸워 승리할 수 있도록, 초강력 무기인 성령의 검을 들려주자. 하나님이 방패와 요새가 되시며 피할 바위가 되어 주심을 잊지 말자.

• 성경읽기 계획을 세우자

개인통독이든 가족통독이든 성경을 읽기 위한 목표와 계획을 세우자. 우리 가족은 암송이나 묵상과는 별개로 일 년에 일독을 목표로 가족통독을 진행하고 있다. 가정예배 시간에는 암송 후 잠언을 날짜와 동일한 장으로 몇 절씩 돌아가면서 읽는다. 가족회의를 통해 성경읽기의 목표와 계획을 세워보자. 매일 습관적으로 모이는 자리가 말씀의 열매가 맺히는 귀한 자리로 변할 것이다.

• 말씀이 기준이 되게 하자

아이들이 어렸을 때부터 동화를 읽어주기 전에 성경을 먼저 읽어주는 것이 우리 가정의 문화다. 아침엔 말씀묵상을 끝낸 후에야 신문이나 일반 서적을 읽을 수 있다. 다소 근본적인 교육이라 여길 수

있으나 진리 위에 지식을 쌓기 위해서다. 진리가 바로 서 있지 않으면 흔들릴 수밖에 없는 세상이다. 말씀이 기준이 되게 하자.

• 성경을 선택할 때 주의하자
아이들이 거쳐간 다양한 성경이 책장 하나를 가득 메우는 동안 우리의 추억과 은혜도 쌓였다. 그림성경은 캐릭터나 색감이 따뜻한 것으로 선택하자. 문자를 알지 못하는 어린아이들은 성경을 그림으로 읽는다. 아이들 눈에 들어오는 건 이야기 속 그림이기에 그림성경을 선택할 때도 주의 깊게 살펴야 한다.
이야기성경을 선택할 때는 너무 함축적이거나 지나치게 많은 상상력을 불어넣은 성경은 배제하자. 이야기가 전체적으로 스토리가 이어지는지, 성경을 왜곡하거나 짜맞추지는 않았는지, 복음적인지를 세밀하게 살펴보고 가장 탄탄한 성경을 선택하자. 어느 정도 말씀에 익숙해진 아이라면 어린이성경이 아닌 쉬운성경이나 새번역을 읽게 해도 좋다. 아이들이 말씀을 잘 이해할 수 있도록 다양한 성경을 읽게 하자.

• 다양한 방법으로 성경을 읽어보자
성경 66권을 다 읽는 건 쉽지 않다. 그러므로 자녀들과 읽을 때는 다양한 방법으로 성경을 읽어보자. 한 장씩 돌아가면서 읽거나, 성경 속 주인공이 되어 배역을 바꿔가면서 연기하듯 읽어가도 된다. 내레이터가 되어 성우처럼 읽기도 하도, 소리 내어 읽는 것이 힘들 때는 드라마 바이블 성경의 도움을 받아 눈과 마음으로 읽고, 암송하는 구절이 나오면 암송하며 읽는 것도 좋다. 때로는 아이들이 방법을 선택하도록 해보라. 생각하지 못한 아이디어로 함께 읽게 될 것이다.

• 만화성경부터 읽히지 말자

만화성경은 내용을 분별할 수 있는 시기부터 읽힐 것을 추천한다. 만화의 재미와 시각적 효과가 성경읽기의 중요한 동기가 되지만, 만화는 만화일 뿐 성경은 아니다.

우리 아이들도 한때 책의 형태를 알아볼 수 없을 만큼 마르고 닳도록 만화성경을 읽었다. 성경의 계보를 줄줄 외우고 전체적인 성경의 맥락을 꿰고 있어 효과를 톡톡히 본 듯 뿌듯했다. 그런데 시간이 지날수록 아이들이 기억하는 것은 성경적인 내용이 아닌 재미있는 말과 그림이라는 걸 알게 되었다.

암송을 하다가 만화성경에서 웃겼던 장면이 생각나면 이내 말씀은 온데간데없고 연상되는 그림 때문에 깔깔거리기 일쑤였다. 그리고 재미 위주의 성경을 읽다 보니 어렵게 느껴지는 성경은 읽지 않으려는 사태가 벌어졌다. 집에 있는 만화성경을 모조리 정리한 이유다.

단, 이해를 돕기 위한 일러스트성경이나 카툰성경은 좋다. 성경의 내용을 가감 없이 담고 있을 뿐 아니라 곁들여진 그림이 이해를 돕기에 가족 성경읽기 시간에 서로 돌아가면서 읽을 만큼 인기가 있었다.

• 함께 읽고 풍성함을 누리자

성경을 읽고 끝내는 것이 아니라 각자에게 주신 마음과 깨달은 구절을 가지고 서로 은혜를 나누자. 더 풍성한 은혜를 경험할 뿐 아니라 함께 기도하고 소통하는 귀한 시간을 가질 수 있다.

말씀교육 삼총사 3. 주야로 말씀을 묵상하자

오직 여호와의 율법을 즐거워하여 그의 율법을 주야로 묵상하는도다
시 1:2

내 신앙생활은 중학교 1학년 때 시작되었다. 그때 불신가정에서 믿음을 지킬 수 있게 한 장치 중 하나가 말씀묵상이었다. 우리가 흔히 아는 큐티(Quiet Time)로 말씀의 인도하심을 경험했다.

하나님의 품성과 사역에 대해, 내게 주시는 레마의 말씀이 무엇인지, 내가 본받거나 피해야 할 죄가 무엇인지를 깨달아 고치고 실천하며, 붙잡아야 할 약속을 배우고, 기도를 드리며, 날마다 주님 앞에 머물던 시간들이었다. 조금은 고정된 틀 안에서 숙고하는 묵상을 이어오다 암송을 하면서 읊조리고 곱씹는 진정한 묵상의 의미를 알게 되었다.

사실 우리는 묵상 훈련이 아주 잘 되어 있다. 사랑하는 사람이 생기면 그 사람을 늘 생각하지 않는가? 함께했던 추억, 나누었던 대

화, 심지어 같이 먹었던 음식까지 하나하나 기억을 끌어내 끊임없이 묵상한다. 비단 좋았던 것만 묵상하는 것은 아니다. 미움의 대상이 거나 걱정, 염려가 생겨도 되뇌며 묵상하는 것이 우리의 모습이다.

이미 충분히 훈련된 그 자리에 하나님을 초청하기만 하면 된다. 걱정과 염려의 자리에, 사랑하는 사람의 자리에 말씀이신 하나님을 모셔 들이고 사모하는 마음으로 읊조리면 된다.

성경이 말하는 묵상은 히브리어로 '하가'이다. '중얼거리다' (murmuring) 혹은 '속삭이다'(whispering)라는 뜻이다. 구약에서는 '시아흐'가 쓰였는데, 이는 '깊이 생각하다', '마음으로 숙고하다'라는 뜻이다. 말씀암송도 묵상과 같이 소리 내어 반복해서 읊조리며 입에서 나오는 말씀을 계속 듣는다. 그래서 둘은 불가분의 관계이다.

말씀의 참뜻을 깨닫기 위한 일념으로 말씀이신 하나님의 말씀을 작은 소리로 혹은 입 속으로 반복하여 되뇔 때, 하나님은 우리에게 지혜와 오묘하신 말씀의 뜻을 깨닫게 하시며 말씀대로 이끌어주신다.

예수 그리스도 안에서 우리 자녀의 입술로 주의 말씀을 말씀대로 말하고, 그 말한 것을 듣고 마음에 새기도록 하자. 다른 사람의 말이 아니라 오직 영이요 생명이신 하나님의 말씀을 아이의 입술로 말하고, 다시 영으로 듣고, 마음에 새길 수 있도록 묵상시키자.

내가 주의 법을 어찌 그리 사랑하는지요 내가 그것을 종일 작은 소리로 읊조리나이다 시 119:97

창의력은 이전에 없던 것을 만들어내는 능력이 아니다. 기존의 것에서 새로운 것을 발견해내는 능력이다. 일상에서 범상치 않은 것을 찾아 실행하는 능력이 창의력이다. 누구나 보고 느끼는 것에서 나만의 시선으로 내 느낌과 생각을 입히는 것이 창의력이다.

'영적인 창의력'도 마찬가지다. 누구나 읽는 말씀에서 나에게 주시는 말씀을 찾아내는 것, 그 말씀에서 나를 향한 하나님의 뜻을 발견하는 것이 영적인 창의력이다. 아이들이 신앙교육은 받지만 거기에서 아무 의미를 발견하지 못한다면 아무런 의미가 없다. 묵상과 암송은 우리가 매일 보는 말씀에서 하나님의 뜻을 발견하고, 말씀을 창의적으로 삶에 적용하는 능력을 길러준다.

엄마표 신앙교육 작은 소리로 말씀을 읊조리라

• 묵상훈련의 자리에 함께하자

아이와 함께 묵상의 훈련을 해나가자. 교재를 활용해도 좋지만 처음엔 암송하는 말씀을 묵상해도 좋다. 작은 소리로 반복해서 되뇌며 내게 말씀하시는 하나님의 뜻을 발견할 수 있다. 이를 적용하고 함께 나누자.

• 여러 가지 방법으로 묵상이 가능하다

아이들이 어릴 때부터 묵상노트를 만들어 쓰게 해보라. 먼저 말씀을 읽고 묵상하며 적어도 서너 번 본문을 읽고 구절을 나누어 자세히 읽은 후 말씀을 이해하고 자신의 말씀으로 받게 해보라. 은혜로운 구절이나 하나님이 주시는 말씀을 쓰게 하면 좋다.

적용점을 찾을 땐 구체적이고 실행할 수 있는 것으로 하라. 뜬구름 잡는 적용은 실천이 쉽지 않기 때문이다. 매일 주어진 자리에서 말씀대로 살기 위한 작은 몸부림이 습관이 되도록 묵상의 자리에 함께하자.

복음을 가르치라

그가 우리를 위하여 목숨을 버리셨으니 우리가 이로써 사랑을 알고 우리도 형제들을 위하여 목숨을 버리는 것이 마땅하니라 요일 3:16

말씀 묵상을 끝낸 둘째 아이가 하트가 빨간색인 이유를 아느냐며 직접 그린 그림을 보여주었다. 그림엔 십자가에 못 박힌 예수님의 손에서 흐르는 피가 아래로 흘러 하트를 채우고 있다. 요한일서 3장을 묵상하다가 은혜를 받고 떠오른 생각이라고 했다.

예수님이 우리를 죽기까지 사랑하셨기에 그분의 피로 가득 채운 하트가 예수님을 상징하며, 그 때문에 하트가 빨간 것이라고 했다. 아이는 진실한 사랑이 시들어버린 영혼을 살릴 수 있다며, 서로 진실로 사랑해야 한다고 자기를 위해 흘리신 보혈에 감사하며 묵상한 내용을 나누어주었다. 아이의 묵상을 통해 예수님의 사랑을 깊이 느껴 보는 시간이었다.

나는 아이들이 세 살 무렵이 되면 복음을 들려주기 시작했다. 물론 어린아이들이 이해할 수 없는 내용일 수 있다. 하지만 성경을 읽어주면서 자연스럽게 복음을 전했다. 당시 아이들의 반응은 '예수님 아프시겠다, 예수님 슬프시겠다'로 일관되었다.

사 남매가 좋아하는 찬양 중에 〈We are the reason〉이라는 곡이 있다. 우리나라엔 〈우리 때문에〉로 알려진 곡이다. 〈Passion of Christ〉 영화에 이 찬양을 삽입해 만든 영상을 보면서 자연스럽게 가사를 외우게 되었는데, 십자가에 못 박히신 예수님의 고통과 아픔을 지켜보는 아이들의 눈에 슬픔이 가득했다.

막내 아이가 네 살 무렵, 여느 날처럼 남편이 성경을 읽어주다 복음을 꺼냈다. 그러자 막내는 "내가 안 그랬어요. 내가 아프게 안 했어요"라고 했다. 하지만 아랑곳하지 않고 우리가 죄인인 것과 우리를 위해 이 땅에 오신 예수님 이야기를 들려주는 아버지에게, 막내는 급기야 울음을 터트렸다.

"내가 안 그랬다는데 아빠는 왜 자꾸 내가 예수님을 못 박았다고 해요?"

며칠이 지난 후 차 안에서 막내가 찬양을 부르기 시작했다.

"아빠 때문에 십자가 지셨고, 아빠 때문에 고통당하셨네. 무지한 아빠 때문에~."

자기는 아니고 아빠 때문이라고 찬양하는 막내 덕분에 웃음바다가 되었지만, 우리는 다시 이 찬양을 함께 부르며 나 같은 죄인을 살리시려고 십자가를 지신 예수님을 찬양했다. 내 죄 때문에 그 고통을 당하시고, 십자가를 지시고 갈보리에 오르셔야만 했던 예수님의 그 사랑을 지금은 아이들이 다 이해하진 못해도 예수님의 고통과 아픔이 내 고통과 아픔처럼 가슴 저미도록 아파하며 회개하는 날이 올 것이라 믿는다.

> 그 안에서 너희도 진리의 말씀 곧 너희의 구원의 복음을 듣고 그 안에서 또한 믿어 약속의 성령으로 인치심을 받았으니 이는 우리 기업의 보증이 되사 그 얻으신 것을 속량하시고 그의 영광을 찬송하게 하려 하심이라 엡 1:13,14

복음은 고난주간에만 듣는 이야기가 아니다. 믿지 않는 사람에게만 들려주는 기쁜 소식도 아니다. 지금 이 순간 나와 아이들, 우리 가정에게 필요한 건 그 어떤 것보다 복음이다. 들어도 들어도 부족한 소리가 복음이어야 한다.

스마트폰이나 게임 영상 등 유해한 것들이 많지만 아이들에게 가장 위험한 것은 마음에 거하는 죄다. 죄는 그리스도의 영광을 보지 못하게 한다. 그래서 복음이 필요하다. 자녀들에게 이 복음과 진리를 가르쳐야 한다.

이 세상을 만드신 분이 누구신지 알아야 하고, 창조주 하나님의 성품과 속성을 알아야 하며, 만물을 주관하시고 다스리시며 역사하시는 통치자 하나님을 가르쳐야 한다. 독생자 아들을 아낌없이 내어주신 일과 우리 죄 때문에 십자가에 못 박히신 예수님, 또 삼 일만에 부활하신 예수님에 대해 자녀들에게 가르쳐야 한다. 구원의 길은 오직 한 길밖에 없음을 알고, 주님만이 참 진리인 것을 삶의 모든 영역에서 구체적으로 가르치자.

부모는 자녀가 복음에 뿌리를 내릴 수 있도록, 보이는 복음의 역할을 잘 감당해야 한다. 우리가 타락한 죄인이라는 것에서부터 시작하자. 우리 안에 거하는 죄를 이해시키는 게 쉽지 않지만, 내 죄를 해결할 수 있는 것은 예수님의 보혈의 능력밖에 없음과 예수님의 핏 값으로 죄인인 우리가 의롭다 하심을 얻어 영원한 생명을 얻었음을 가르치자.

하지만 구원을 얻기 위해서는 회개와 더불어 믿음으로 예수 그리스도를 영접해야 한다는 것을 들려주자. 그 예수 그리스도를 온전히 의지하고, 죄 사함과 구원을 베풀어주신 은혜에 감사하며, 말씀과 기도로 거룩한 삶을 살아갈 때 천국 백성이 될 수 있음을 들려주고, 가르치고, 삶 속에서 함께 녹여내야 한다. 복음에만 능력이 있다.

엄마표 신앙교육 자녀에게 복음을 가르치자

• 복음의 능력을 믿자

죄에서 자유를 얻게 하는 능력은 보혈의 능력밖에 없다. 복음의 능력은 그 어떤 능력보다 힘이 있다. 그 능력은 다름 아닌 우리 주 예수께 있다. 아이들과 함께 날마다 다시 복음 앞에 서자(계 7:10).

• 죄가 있는 곳에 복음을 처방하자

회개 없는 거듭남은 없다. 자녀가 빛 가운데 죄 꾸러미를 쏟아낼 수 있게 해야 한다. 부모는 회개도, 거듭남도 절대 해결할 수 없는 존재다. 복음의 능력만이 아이를 살린다. 아이의 삶에 복음을 처방하자. 마음과 생각과 뜻을 판단하시는, 말씀이신 예수님이 벌거벗은 것같이 모든 죄를 드러나게 하시고 보혈의 능력으로 모든 죄를 사하여 용서해주실 줄 믿는다(행 3:19).

• 하나님의 성품과 속성, 사역을 가르치자

어려서부터 복음과 진리를 가르치자. 하나님의 속성과 사역을 가르쳐 그분이 진리이심을 알게 하자. 창조주 하나님, 그분의 존재, 존귀와 영광의 주님, 능력과 지혜, 선하심, 의로우심, 자비로우심, 진리 되심, 삼위일체, 구속자, 부활, 통치자, 역사의 주관자 등 하나님의 성품을 자녀와 함께 찾고 배우자. 아이들과 함께 교리를 공부해보길 추천한다. 하나님을 조금 더 알아가는 데 도움이 될 것이다.

아무리 바빠도 가정예배

여호와께 그의 이름에 합당한 영광을 돌리며 거룩한 옷을 입고 여호와께 예배할지어다 시 29:2

첫째 아이가 예배를 인도하는 날, 밤이 늦었지만 예배를 드리기 위해 한자리에 모였다.

"이시온, 기도하세요."

"예배 잘 드리게 해주세요. 예수님 이름으로 기도합니다. 아멘."

여느 때와 같이 기도와 찬양으로 예배를 마무리 지을 것이라 생각했는데, 갑자기 첫째가 내 손을 잡아당기며 가운데로 불러냈다.

"아버지 가운데로 오세요. 이 시간 아버지를 축복하는 시간을 갖겠습니다."

갑자기 축복해준다는 것이다. 주춤하고 있는데 아이들이 가운데로 나를 밀어 넣었다.

"아버지 몸에 손을 얹고 돌아가면서 축복기도 하겠습니다."

막내부터 순서대로 내 몸에 손을 얹은 채 축복기도를 해주었다. 내 건강과 사역을 위해서, 하나님의 말씀을 잘 전할 수 있도록 구구절절 하나님께서 내게 하고 싶은 말을 아이들의 입술을 통해 축복해주셨다. 막내는 아버지 눈에서 눈물이 흐르는지 고개를 숙이고 몇 번이나 확인했다. 마지막으로 아내가 축복해주었다.

중간중간 목이 메는 듯한 아내의 목소리에 나도 눈물이 났다. 아이들이 휴지를 가져와 눈물을 닦아주었다. 아버지의 축복으로 자녀들이 세워지는 가정을 꿈꾸었지만 자녀들의 축복으로 세워지는 부모는 상상할 수 없었다. 오늘 예배는 내게 잊지 못할 시간이 되었다.

자녀들의 축복, 아내의 축복을 마음껏 받았기에 앞으로 축복을 이루어가야 하는 거룩한 부담감만 남았다. 하나님의 말씀을 옳게 분별하여 전할 수 있도록 노력해야겠다. 눈에서 흘린 눈물보다 마음에서 나온 눈물이 훨씬 많았던 것 같다. 예배가 끝난 후 아이들은 잠자리에 들어갔지만 예배의 여운은 잠들지 않을 것 같았다.

다음날, 어제 드린 가정예배 생각에 울컥했다. 나 같은 사람에게 아이들 자체가 축복인데, 그 아이들이 아버지에게 손을 얹고 축복해준 따뜻한 기억이 좀처럼 지워지지 않았다. 불우한 가정에서 불안한 청소년 시절을 보냈던 내게 가정은 고통의 장소였다. 하지만 마라의 쓴물을 단물로 바꿔주신 하나님께서 쓴물 같은 내 인생에 던져주신 십자가의 은혜 덕에 복음의 생명수를 마시는 가정이 되었다. 모든 것이 하나님의 은혜다.

남편의 예배 일기다. 이날의 예배는 온 가족에게 감격과 감사가 넘쳤기에 모두가 잊을 수 없는 예배가 되었다. 우리 가정을 예배를 통해 하나로 묶어주신 주님의 은혜에 감사드린다.

가족이지만 얼굴 보며 식사하는 일조차 쉽지 않고, 유일하게 모이는 장소가 텔레비전 앞인 스마트한 세상에서 몸은 모여 있어도 마음과 생각은 흩어져 있는 모습이 가정의 현주소다.

하나님이 기뻐하시는 가정의 모습은 어떤 것일까? 함께 얼굴을 보며 식탁 교제를 나누고, 일상의 은혜와 감사를 나누며, 무엇보다 하나님을 찬양하고 예배하기 위해 힘써 모이는 가정이다.

"예배를 사수하자"라는 슬로건 아래 매일 가정예배를 드린 지 15년에 접어든다. 매일 예배를 사수하기 위해서는 고된 영적 전쟁을 치르며 몸부림쳐야만 했다. 많은 크리스천 가정이 바쁜 일상 때문에 가정예배를 차선으로 미루거나 드리지 못하는 경우를 볼 때 안타깝다.

우리가 예배를 우선순위에 두어야 하는 이유는 우리의 예배를 받으시기에 합당하신 하나님께 진실한 마음으로 찬양 드리며 우리를 구속해주신 은혜에 감사하고 영광을 돌리기 위함이다. 이것이 피조물인 우리의 마땅한 도리이며, 그 일을 위하여 우리를 가족으로 묶어주셨기 때문이다.

이 백성은 내가 나를 위하여 지었나니 나를 찬송하게 하려 함이니라

사 43:21

우리 집에서는 매일 저녁 7시 반이면 휴대폰에서 예배시간 알람이 울린다. 자녀가 주도하는 말씀암송 가정예배를 드리기에 월요일부터 넷째, 셋째, 둘째, 첫째, 엄마, 아빠 순으로 예배를 인도한다. 인도자에 따라 예배 형식이 달라지지만 찬양, 기도, 암송, 중보기도, 하나님의 성품 찬양, 주기도문 순의 기본 골격을 갖추고 있다.

아이들의 특순이 있기도 하고, 가족 구성원이 많다보니 찬양인도와 성가대까지 다양한 형태의 예배를 드릴 수 있다. 아버지의 설교가 아닌 말씀암송으로 드리는 가정예배는 온 가족이 사모하는 마음으

로 하나님의 말씀을 암송하기 위함이다. 평소에 암송했던 말씀을 반복해서 암송하기도 하고 새로운 말씀을 다함께 암송하기도 한다.

성령께서 우리 가정에 필요한 말씀을 떠올려 주실 때도 있고, 말씀으로 응답해주실 때도 있다.

자녀 주도 말씀암송 예배의 가장 큰 유익은 소통이다. 말씀이라는 하나의 키워드로 소통이 가능하다. 살아 계신 하나님의 말씀을 한 절씩 곱씹으며 마음에 심고 나눌 때마다 그 속에서 역사해주시는 하나님의 임재를 경험하는 은혜를 누리고 있다.

예배 중에 중보기도 시간이 있다. 나라와 민족을 위해, 한국교회와 섬기는 교회를 위해, 또 믿지 않는 가족들과 믿음의 동역자들을 위해 기도하는 시간이다. 누가 먼저랄 것도 없이 기도제목을 공유하고 기도하는데, 민족과 열방을 위해서, 나라의 대소사 문제가 있을 때, 동성애 축제가 열릴 때, 뉴스를 보고 기도해야 할 제목들이 있을 때마다 아이들과 함께 손을 모은다.

하나님께서 우리의 기도를 들으시고 응답해주신 은혜와 경험이 많다. 지구 저편에 일어나는 일들을 위해 기도한 아이들이 선교사님을 통해 응답의 소식을 들을 때마다 하나님께서 우리의 기도를 외면하지 않고 듣고 계신다는 것을 깨닫는 은혜를 누린다.

우리 가정이 언제나 은혜롭고 기쁨 충만한 예배를 드린 것은 아니다. 때로는 의무감에 드린 날도 있고, 어떤 날은 아이들로 인해 정신없는 예배가 되기도 했다. 하지만 지금까지 지속할 수 있었던 것은 예배는 우리의 상황이나 감정, 환경에 따라 달라지는 시간이 아니라 믿음으로 하나님께 나아가는 자리라고 고백하며 예배자가 되기로 결단했기 때문이다.

예배가 쌓인 날만큼 은혜와 감사도 쌓이고 있다. 예배를 우리의 목적을 이루거나 축복을 받기 위한 통로로 드려서는 안 된다. 마음을 다해 영과 진리로 예배하고 신령한 노래를 부르며 감사하는 마음으로 하나님을 기쁘시게 하는 예배를 드리려고 노력하자. 이것이 창세전에 그리스도 안에서 우리를 택하시고 사랑 안에서 예수 그리스도로 말미암아 자녀 삼아 주신 은혜에 보답해야 하는 우리의 마땅한 도리다.

> 내가 주의 성전을 향하여 예배하며 주의 인자하심과 성실하심으로 말미암아 주의 이름에 감사하오리니 이는 주께서 주의 말씀을 주의 모든 이름보다 높게 하셨음이라 시 138:2

엄마표 신앙교육 가정예배를 사수하라

• 가정예배를 우선순위에 두자

가정예배는 선택이 아닌 필수다. 믿음의 가정이라면 예배하기 위해 모여야 한다. 우선순위를 위해 예배시간을 정하자. 매일 드리지 않아도 된다. 약속된 시간과 장소에서 모이기 힘쓰는 것부터 시작해 보자.

• 가정예배의 고정관념을 깨트리자

가정에서 드리는 예배이기에 어떤 형식이든 상관없다. 각 가정에 맞는 방법을 찾으면 된다. 자녀 주도 말씀암송 가정예배로 드려보자. 설교의 부담을 갖지 않아도 된다. 함께 하나님의 말씀을 선포하며 마음에 새기고 나누면 된다. 자녀들을 인도자로 세울 때 더 풍성한 예배를 경험하게 될 것이다.

• 우리 가정만의 예배 문화를 만들어보자

무거운 형식에서 벗어나 자녀들의 눈높이에 맞는 즐겁고 기쁜 예배를 드려보자. 우리 가정은 형제들의 찬양 인도가 있기도 하고, 준비한 찬양이나 율동, 악기 연주로 특순을 갖기도 한다. 지구본에 손을 얹고 열방을 위해 기도하는 날도 있고, 감사한 것들을 나누며 축복하는 날도 있다. 우리 가정만의 예배 문화를 만들어가자.

• 예배의 방해 요소를 제거하자

예배를 방해하는 가장 큰 요소는 마음이 상하는 일이다. 사탄은 우리가 예배드리기 전에 마음을 공격해 예배드리지 못하는 환경을 만든다. 믿음으로 이겨내야 한다. 휴대폰은 잠시 꺼두자. 온전히 예배에 집중할 수 있는 환경을 조성하자.

• 모든 환경과 상황을 이겨내자

예배 전 다툼이 있었거나 마음이 상할 때 예배의 자리로 나가는 것이 쉽지 않다. 그럴 땐 잠시 시간을 늦춰 마음이 정리된 후 다시 모이자. 상한 감정 때문에 예배를 포기하는 일은 없어야 한다. 우리 가정은 차 안에서도 예배를 드린다. 외출하고 돌아오는 길에 무소 부재하신 하나님 앞에 나아간다. 어렵고 힘든 일이 있어도 꼭 예배는 드리도록 하자. 감사로 하나님께 예배드릴 때 우리를 건지시고 영화롭게 하실 분은 하나님이심을 잊지 말자.

• 예배가 정착되도록 도움을 받자

예전에 기독교 인터넷 방송인 CGNTV의 '아무리 바빠도 가정예배' 길라잡이 편에 패널로 참여한 적이 있다. 가정예배에 대한 마음은 있지만 드리기 어렵거나, 중요성은 아는데 실천하기 힘든 가정이 있다면 꼭 다시보기를 통해 도움을 받길 바란다. 가정예배에 대한 모든 고민을 해결하고 배우고 실천할 수 있는 좋은 프로그램이다.

하나님이 찾으시는 예배자로 세우자

아버지께 참되게 예배하는 자들은 영과 진리로 예배할 때가 오나니 곧 이 때라 아버지께서는 자기에게 이렇게 예배하는 자들을 찾으시느니라 하나님은 영이시니 예배하는 자가 영과 진리로 예배할지니라

요 4:23,24

우리나라에 한창 전쟁설이 나돌 때 가정예배를 드리다 이런 이야기를 나누었다.

"얘들아, 만약 우리나라에 전쟁이 일어난다면 우리는 피난 가거나 대피하거나 그런 거 하지 말고, 모여서 마지막 예배를 드리다가 천국에 다 함께 가는 거 어때?"

"무슨 말씀이세요? 일단 부산 할머니 댁으로 피난 가야죠."

"요즘은 피난 가는 게 아무 의미가 없어. 핵 터트리면 그냥 끝인 거야. 구차하게 살려고 하지 말고 멋지게 예배드리다가 천국 가자!"

내 말에 모두 동의하기 싫은 눈치더니 급기야 둘째 아이가 볼멘소리를 했다.

"어머니, 너무 하시는 거 아니에요? 어머니는 결혼도 해보시고, 자식도 낳아 보고, 이것저것 다 해보셨지만, 우리는 얼마 살지도 못했는데 전쟁 안 나길 기도해야지 왜 자꾸 천국가자고만 말씀하세요. 저도 결혼은 해보고 천국가고 싶단 말이에요."

둘째 아이의 설득력 있는 한 마디에 그날 우리는 이 땅에서 전쟁과 기근이 사라지기를 기도했다.

여호와께 그의 이름에 합당한 영광을 돌리며 거룩한 옷을 입고 여호와께 예배할지어다 시 29:2

매일 드리는 가정예배이기에 가끔은 타성에 젖어 형식적인 예배가 되지 않을까 염려될 때가 있다. 그때마다 아이들에게 오늘 드리는 예배가 마지막 예배인 것처럼 마음과 뜻과 힘을 다해 드리자고 말한다. 아이들이 참된 예배자가 되길 바라고 소망하지만, 예배의 자리에 앉아 있다고 해서 모두가 예배자인 것은 아니다. 마음과 생각이 어디에 머물러 있는지 스스로 점검해봐야 한다.

하나님께 참되게 예배하는 자는 영과 진리로 예배를 드려야 한다. 진실한 모습으로 성령의 충만함을 소망하며 몸과 마음, 정성과 물질의 모든 것을 동원해 예배를 통해 하나님께 영광을 올려드려야 한다. 예배는 그냥 주어진 자리가 아님을 자녀들에게 가르치자. 우리의 죄를 대속해주신 예수님의 핏값으로 주어진 자리다. 구약시대 때는 아무나 하나님 앞에 나아갈 수 없었다.

레위 지파의 계보인 아론과 그의 자손들만이 성소의 모든 일을 담당할 수 있었다. 하나님이 계신 곳으로 나아가기 위해서는 대제사장만이 일 년에 한 번, 자신의 죄와 백성의 죄를 속죄하기 위해 피를 가지고 지성소에 들어갈 수 있었다. 하지만 지금은 예수 그리스도의 보혈의 은혜로 누구나 아무런 제약 없이 거룩하신 하나님 앞으로 나아갈 수 있게 되었다.

죄인 된 우리가 하나님의 임재와 은혜 안으로 들어갈 수 있는 것은 참으로 놀라운 일이며 감격스럽고 감사한 일이다. 이러한 감격과 감사를 예배로 올려드려야 함을 아이들에게 가르치자. 예수님의 핏값이 헛되지 않도록 하나님께 나아가는 모든 예배의 자리에 영과 진리로 드리는 참 예배자가 되자. 그것이 우리 죄를 대속해주신 예수님에게 드릴 수 있는 작은 선물이다.

아이들이 얘기할 때 다른 일을 하면서 말을 들으면 두 손으로 내 볼을 잡고 자신을 꼭 보라고 한다. 눈을 보고 말을 들을 때 아이들은 부모가 마음으로 듣는다고 느끼는 것이다. 하나님도 몸은 예배의 자리에 있지만 중심이 다른 곳에 있는 예배는 기뻐 받으시지 않는다. 중심을 드리는 예배, 얼굴을 주께로 향하여 예배드리는 참된 예배자가 되자.

엄마표 신앙교육 예배자로 서는 가정

• 부모가 먼저 예배자가 되자

부모 된 우리가 예배의 자리에 몸만 앉아 있는 것은 아닌지, 온몸과 마음을 드리고 있는지 아이들이 가장 가까이에서 지켜보고 있다. 그 아이들마저 예배자인 척 속일 수 있을지라도 하나님은 중심을 보고 계신다. 부모가 먼저 예배자가 되자. 그 자리에 자녀와 함께 참된 예배자로 서자.

• 예배의 마음 자세를 터치하자

아이들이 교회학교 예배를 드리고 나오면 "오늘 예배 어땠어? 재밌었어?"라고 물어보는 부모들이 있다. 예배는 재미있는 시간이 아니다. 아이들이 고백하는 찬양처럼 아이의 영혼이 거룩한 은혜를 향하고 마음이 완전한 하나님을 향하도록 집중하는 시간이다. 예배를 드리고 나면 어떤 말씀을 들었는지, 어떤 마음으로 예배를 드렸는지, 하나님께서 내게 말씀하시는 것이 무엇인지 나누는 시간을 마련하자.

• 예배에 적극적으로 참여하도록 훈련하자

자리는 지키고 있지만 입을 열어 찬양하지 않고, 마음 다해 기도하지 않고, 집중해서 하나님의 말씀을 듣지 않는다면 예배를 드리러 온 것이 아니라 관람하러 온 것에 불과하다. 아이들이 몸과 마음, 정성과 물질 등 모든 것을 동원해 적극적으로 예배에 참여하도록 가르치자.

• 토요일부터 주일을 준비하자

토요일 가정예배를 드리고 나면 사 남매에게 이렇게 말한다.

"얘들아, 주일 준비하자."

그러면 일사불란하게 주일에 입을 옷과 성경, 헌금을 챙긴다. 준비된 마음으로 주일을 맞도록 세 살 무렵부터 가르쳤다. 분주한 마음으로 주일을 맞지 않도록 하자. 세상에서 귀한 사람을 만나도 모든 것을 철저하게 준비하는데, 하물며 가장 귀한 주님께 예배드리러 가는 시간을 소홀히 해서는 안 된다. 몸과 마음을 정돈하며 토요일부터 주일을 준비하자.

• 방해물은 제거하고 예배에 집중하게 하자

예배를 방해하는 핸드폰, 음식물, 장난감, 딴생각 등의 장애물을 미리 제거하고 예배를 드리자. 온전히 예배에 집중할 수 있는 환경을 만들어주는 것도 부모의 몫이다. 설교노트나 성경노트를 준비해 예배에 집중할 수 있도록 하자. 예배자는 하루아침에 세워지지 않음을 명심하고 참된 예배자가 되도록 가르치고 훈련하자.

〔자녀교육 2교시〕

덕(德), 성숙한 인격

마땅히 행할 길을 아이에게 가르치라 그리하면
늙어도 그것을 떠나지 아니하리라 잠 22:6

마땅히 행할 길을 가르치자

'덕'(德)은 믿음의 바탕 위에 예수님의 황금률(Golden Rule), 곧 이웃
을 사랑하는 마음의 자세와 삶의 훈련을 통해 성숙한 인격을 소유
하는 데에서 나온다. 가정마다 가지고 있는 신앙관이나 가치관, 인
생관이 다를 수 있다. 각자 나름대로 중요하게 여기는 원칙이 있듯
이, 우리 가정에도 아이들을 성숙한 인격을 품은 사람으로 성장시키
기 위한 몇 가지 중요한 원칙이 있다. 그것은 성품 훈련이다.

성품 훈련에는 예의, 정직, 질서, 성실, 용서, 언어, 공감, 친절, 존중, 책임감, 감사, 섬김, 순종, 절제, 분별 등이 있다. 성품 훈련의 목적은 예수님의 마음을 품게 하기 위함이다. 물론 아이들을 자유롭고 행복하게 키우는 것에 동의하지만, 자칫 무례하고 버릇없는 아이로 자라게 하지 않도록 주의해야 한다. 믿음의 가정이라면 더욱 그래야 한다.

성숙한 인격을 갖추기 위해서는 습관적인 성품 훈련이 가정에 녹아 있어야 한다. 성숙한 인격을 통해 하나님의 영광을 드러내도록, 마땅히 행할 길을 아이에게 가르치자.

그러므로 너희가 더욱 힘써 너희 믿음에 덕을, 덕에 지식을, 지식에 절제를, 절제에 인내를, 인내에 경건을, 경건에 형제 우애를, 형제 우애에 사랑을 더하라 **벧후 1:5-7**

주 안에서 즐겨 바보 되고 주 위하여 기뻐 손해 보자

너희 안에서 착한 일을 시작하신 이가 그리스도 예수의 날까지 이루실 줄을 우리는 확신하노라 **빌 1:6**

축구공에 맞아 눈이 아팠던 첫째 아이가 눈이 안 보이게 될까 봐 두렵다며 가정예배 시간에 기도제목을 내놓았다. 고(故) 강영우 박사님처럼 축구공으로 인해 갑자기 실명할까봐 미리 근심하는 형에게 둘째가 말을 꺼냈다.

"형, 걱정 마! 내 눈 떼어주면 되잖아."

"그럼 너는 평생 이렇게 살아야 되는데 괜찮아?"

남편이 한쪽 눈을 감아 보이며 물었다.

"괜찮아요. 우리 형이잖아요. 그 정도는 각오해야죠."

실제 상황은 아니었지만 둘째의 담대한 발언에 모두 놀랐다.

"그래, 형제 사랑은 그런 거야. 진짜 멋지다."

온 가족이 둘째를 마음껏 칭찬해주었다. 그런데 그다음 말이 이랬다.

"형, 내가 형에게 눈을 떼어주면 형이 내가 되고 내가 형이 되는 거네."

서로 티격태격하며 다투기도 하지만 서로를 향한 형제 사랑이 가득하다. 동생의 말에 큰아이도 깊은 감동을 받은 눈치였다. 희생 없이는 서로 안에 거할 수 없다. 예수님의 희생의 대가로 예수님이 우리 안에, 우리가 예수님 안에 거하게 된 것처럼 말이다.

"주 안에서 즐겨 바보 되고 주 위하여 기뻐 손해 보라."

여운학 장로님이 고(故) 장기려 박사님의 인생훈에 매료되어 장로님의 뜻을 첨언해 삼으신 가훈이다. 존경하는 분들의 인생훈과 가훈이 이 시대를 살아가는 아이들에게 꼭 필요한 말씀이기에, 아이들에게도 자주 인용하곤 한다.

믿지 않는 분을 통해 우리 가정이 부자는 아니지만 부자보다 행복하게 보인다는 말을 들었다. 난 그 말이 참 좋았다. 풍족하진 않지만 부족하지 않은 삶을 살게 해주시는 주님의 은혜를 경험하며 살고 있기 때문이다.

우리 가정에 사랑을 흘려보내주시는 분들도 대부분 자신의 삶에 감사하며 작은 것을 나누는 분들이다. 가난한 사역자들끼리 만나기라도 하면 서로 없는 가운데 하나라도 더 챙겨주려고 애쓴다. 서로의 사정을 누구보다 잘 알기에 더 챙겨주려는 쪽과 받아가지 않으려는 쪽의 흐뭇한 실랑이가 벌어지기도 하지만, 초대교회 사람들처럼 한마음과 한뜻이 되어 모든 물건을 서로 나눠쓰고 자기 재물을 조금도 자기 것이라 여기지 않는 진실한 모습이 좋았다. 아이들도 그런 모습을 보며 감동이 되었는지 으레 나눌 것들을 더 챙기는 모습을 보였다.

아이들에게 어렸을 때부터 나눌수록 풍성해지고 풍요로워지는 천국의 법칙에 대해 가르쳤다. 이 세상의 모든 것이 주님의 것이기에 주님을 위해, 이웃을 위해 나누고 도와주는 삶을 주님이 기뻐하신다는 것을 가르쳐야 한다. 우리에게 풍성하게 채워주시는 것들로 호의호식하지 않고 오히려 나누고 베풀며 필요한 곳에 흘려보낼 수 있도록 말이다.

하나님께서 부족한 형편을 아시고 도움의 손길들을 붙여주시는데, 특히 아이들이 홈스쿨링을 하다 보니 사랑과 섬김으로 재능기부를 해주시는 분들이 있다. 나는 아이들에게 늘 말한다. 섬김을 받는 이유는 더 많은 사람을 섬기기 위함이라고. 섬겨주시는 분들이 시간이 남거나 물질이 풍요하거나 할 일이 없어서 섬기는 게 아니라 그들도 그리스도의 값없는 사랑의 빚을 또 다른 통로로 갚기 위해 기뻐 손해 보는 일을 하는 거라고 말이다.

사람은 너무도 쉽게 과정을 망각한다. 과정을 잊고 결과에만 모든 공을 돌릴 때 과정을 거치면서 누렸던 고마움은 생각하지 못하게 된다. 지금의 나는 누군가의 사랑과 헌신이 빚은 결과물인 것을 잊어서는 안 된다.

나를 위해 헌신한 수많은 분들의 존재를 폄하하지 않기 위해서 나 역시 주 안에서 즐겨 바보 되고 주 위하여 기뻐 손해 보는 사람이 되어야 한다.

그러므로 무엇이든지 남에게 대접을 받고자 하는 대로 너희도 남을 대접하라 이것이 율법이요 선지자니라 마 7:12

요즘 아이들의 문제는 손해 보는 기쁨을 상실한 것이다. 아이들에게 빵을 나누면 더 많은 빵이 채워질 것이라는 말은 하지 말자. 손해를 반드시 보상으로 채우려는 욕망을 키워줄 뿐이다. 하나님을 준 만큼 돌려주시는 분으로만 가르치지 말아야 한다. 나눈 만큼 불편해지는 것도 하나님의 방법이다.

채워지지 않을 것 같으면 도우려 하지 않는 이기심으로 가득 차 있는 세상의 방법을 따르지 않고 영육 간에 남을 돕고 남을 행복하게 해주기를 원하는 이타적인 아이로 키우자. 우리 가정도 넉넉해서 나눌 수 있는 것은 아니다. 상황과 형편을 보면 할 수 없지만 부어 주시는 마음에 순종하며 나아갔을 때 여전히 움직이고 계신 분은 하나님이셨다. 분명 잔고가 없는 통장에서도 매달 각종 선교 후원금은 빠져나간다. 쓸 것이 있고 나눌 것이 있고 베풀 것이 있고 선교할 것이 있게 해달라는 작은 기도의 응답이다.

소유한 것이 없는 아이들에겐 자신에게 있는 것들로 나눔을 가르치자. 셋째와 막내는 오랜 기간 기른 머리를 생일날 잘라 소아암 친구들에게 기부하는 것으로 나눔을 실천했다.

큰아이와 둘째는 베이비시터를 자청해 도움이 필요한 곳에서 아기를 돌봤고, 보육원 아이들의 일일 돌보미가 되기도 했으며, 같은 동에 살았던 장군이네 집에 폐지를 챙겨다 드리는 일과 연탄 나눔을 통해 도움이 필요한 곳에서 몸으로 나눔을 실천했다. 나눔도 습관이다.

우리 가정에서는 끼니마다 식사 기도하는 사람이 식탁 위 저금통에 100원씩 넣는다. 우리의 배만 채우는 것이 아니라 도움이 필요한 누군가에게 예수님의 사랑을 흘려보내는 것을 실천하기 위해서다. 거창하고 대단한 것으로 나누려고 하지 말자. 받은 은혜 가운데 조금씩만 덜어내면 된다. 아이들과 함께 주어진 자리에서 나눔을 실천하는 가정이 되자.

엄마표 신앙교육 즐겨 바보 되고 기뻐 손해 보자

• 섬김의 손길을 축복하자

섬김을 받고 있다면 한 분 한 분의 이름을 불러가며 기도함이 마땅하다. 섬기고 나눈 손길을 축복하며 하나님께 올려드리자. 하나님께서 은혜로 섬긴 손길을 친히 축복해주실 것이다(살후 3:16).

• 실천할 수 있는 나눔을 찾아보자

나는 고등학교 3년 동안 맹학교에서 매주 세 시간씩 책을 읽어주는 봉사를 했다. 점자로 된 참고서가 없기에 필요한 자료를 찾아 녹음해주고, 읽어주는 일이었다. 그때는 누군가를 섬기는 일이 참 힘들기도 했지만 돌아보면 감사만 남았다. 아이들도 있는 자리에서 작은 나눔을 실천하게 하자(딤전 6:18).

• 예수님의 사랑을 흘려보내자

아이들과 희망 프로젝트 '나눔'을 통해 소외되고 아픈 이웃을 위해 작은 사랑의 씨앗을 심었다. 주위를 돌아보면 소외되고 굶주리며 아파하는 영혼들이 많다. 그들에게 정기적인 후원을 통해 복음의 사랑을 흘려보낼 수 있다. 자녀들과 함께 사랑과 복음이 전해지길 기도하며 작은 사랑의 씨앗을 심어보자(히 13:16).

• 나눔이 자기 의가 되지 않도록 주의하자

예수님의 사랑만이 남아야 할 곳에 아이들의 의가 남지 않도록 가르쳐야 한다. 하나님의 방법은 은밀한 중에 행하는 구제다. 사람에게 보이기 위한 나눔과 실천이 되지 않도록 늘 겸손과 은혜를 가르치자(마 6:1-4).

착한 행실로 하나님께 영광을 돌리자

이같이 너희 빛이 사람 앞에 비치게 하여 그들로 너희 착한 행실을 보고 하늘에 계신 너희 아버지께 영광을 돌리게 하라 마 5:16

"이 아이들 엄마셨군요. 꼭 만나고 싶었어요."

"왜요? 저희 아이들이 무슨 실수라도 한 건 아니죠?"

"무슨 말씀을요! 아이들이 너무 예뻐서 꼭 물어보고 싶은 것이 있었어요. 도대체 아이들을 어떻게 교육하시기에 이렇게 인사성이 밝고 착해요? 이런 아이들 처음 봤어요."

아파트 단지 내 빵집 아주머니가 격양된 얼굴로 말씀하셨다. 단골집이지만 늘 아이들만 보내거나 혼자 방문하다보니 가족인 걸 모르셨던 모양이다.

'902호 아이들'은 사 남매에게 붙여진 또 다른 이름이었다. 사택으로 이사 오기 전까지 7년간 살았던 아파트 단지 내에서 꽤 유명한 아이들이었다. 넷이 뭉쳐 다니니 눈도장은 확실하게 찍혔고, 여느 아이들과 조금 달랐나보다. 만나는 분마다 아이들의 밝은 인사성과 예의 바름을 아낌없이 칭찬해주셨고, 예수님 믿은 아이들은 조금이라도 다름을 보여줄 수 있어서 참 감사했다.

하루는 아이들과 엘리베이터를 타고 올라오는데, 같은 라인에 사는 젊은 엄마가 물어왔다.

"이 집 아이들은 어쩜 이렇게 인사를 잘해요? 우리 집 애들은 시켜도 안 하는데 좀 놀랐어요."

난 그 분의 말씀에 더 놀랐다. 당연한 일이 놀라운 일이 되는 세상이어서. 어떻게 교육하냐는 궁금증에 신앙교육하는 것을 슬쩍 시사하며 아이들을 통해 전도할 수 있는 기회를 주심이 더욱 감사한 시간이었다.

주택에 살다가 아파트로 이사 왔던 날, 엘리베이터 있는 집에 사는 게 소원이라고 했던 아이들의 소원이 성취되었다. 한 동에 많은 사람들이 살아도 얼굴 보기가 쉽지 않았는데, 얼굴을 익힐 수 있는 유일한 공간이 엘리베이터였다.

하지만 엘리베이터 문화가 익숙하지 않았던 사 남매에게 또 다른 낯선 문화가 기다리고 있었는데, 그 좁은 공간 안에서 누구 하나 인사를 하지 않는다는 것이었다. 뚫어져라 앞만 응시하는 사람, 고개를 숙이고 아래만 보는 사람, 벽에 붙은 거울이나 핸드폰만 보는 사람, 광고만 응시하는 사람 등 1층까지 내려가는 그 짧은 시간 동안 모두가 멋쩍고 냉랭한 모습이었다.

나조차도 익숙하지 않아서 숫자 계기판만 바라보기도 했다. 낯선 사람과 서 있는 밀폐된 공간이 서로에게 어색했지만, 이런 풍경을 깨고 아이들과 함께 먼저 인사를 시작했다. 만나는 사람마다, 타고 내리는 분들에게 인사를 건네면 당황하거나 놀라는 분, 어색해 하거나 쑥스러워하는 분, 미소로 답하는 분 등 다양한 방식으로 인사를 받거나 또는 반응하지 않으셨다.

그렇게 시작된 사 남매의 인사 운동이 우리 동에서 자연스러운 문화로 자리 잡기까지 꼬박 1년 이상은 걸린 것 같다. 어색했던 이웃 사이가 친근해졌고, 서로 반기며 인사하는 문화로 바뀌어 갔다. 그곳에서 7년 동안, 같은 동에 사는 분들께 아이들은 참 많은 사랑을 받았다. 902호 아이들은 떠나왔지만 인사와 웃음의 씨앗은 그곳에 아름다운 꽃으로 활짝 피었다.

평소 아이들에게 예절만큼은 소신껏 교육해왔다. 아이들이 어렸을 때 배꼽인사를 시작으로 구체적이고 세밀하게 예절을 가르치기 시작했다.

"멀리서 아는 사람이 보이거든 먼저 달려가서 어른에게 인사하고, 그 분이 인사를 못 받으셨을 경우엔 다시 인사드리는 거야. 그리고 항상 눈을 마주치고 공손하게 머리 숙여 인사 해. 네가 모르는 사람이 너를 먼저 알아보고 반갑게 인사를 건네거든 모른다고 본체만체 지나가지 말고 정중하게 인사를 드려. 어른과 통화할 때는 누워서 받지 말고 바른 자세로 앉아서 예의를 갖춰 통화해. 먹을 것이 있으면 항상 어른부터 드리고 챙기는 거야. 어른과 무언가를 주고받을 때는 항상 두 손으로 드리고 받아. 어른들 말씀하실 때는 생명이 위태로운 일이 아닌 이상 끼어들지 말고 기다려. 형제간에도 질서를 지켜야 해. 편한 사이일수록 더욱 예의를 갖추도록 해. 공공장소에서 남에게 피해 주는 행동은 절대 하면 안 돼."

그리고 말을 배우기 시작할 때부터 존댓말을 가르쳤다. 예의도감에나 있을 법한 이야기 같지만, 하나님의 자녀답게 어떤 상황에서든 예의 바른 아이들이 되도록 기본적인 예절 교육을 하고 있다.

가정에서 어릴 때부터 예절도 습관이 되도록 가르쳐야 한다. 부모님이나 가족뿐 아니라 어른들에게 공손한 태도를 취하고 예의를 갖추는 것은 지극히 성경적이기 때문이다.

모자를 쓰고 지나가던 첫째 아이가 교회 어른을 보고 모자를 벗어 공손히 인사한 적이 있었나 보다. 요즘 아이들에게서 볼 수 없는 모습에 감격하셔서 자녀교육 잘 시킨다는 말씀을 만날 때마다 해주셨다. 예배 후 간식으로 나온 떡을 먼저 찍어 선생님께 드린 셋째 아이는 선생님들 사이에서 넘치는 사랑을 받았다. 교회에서 섬기는 일이라면 두 손 걷어붙이고 나섰던 둘째 덕분에 내 SNS에는 아이의 인증샷과 함께 칭찬 세례가 이어졌다.

하나님께서 고된 훈련에 대한 보상으로 아이들의 인성에 대해 참 많은 칭찬과 격려를 받게 해주셨다. 아이들도 보내주시는 칭찬을 감사로 받으며 성숙한 인격으로 성장하기 위해 함께 애쓰고 있다.

너는 센 머리 앞에서 일어서고 노인의 얼굴을 공경하며 네 하나님을 경

경외하라 나는 여호와이니라 레 19:32

각박하고 개인주의가 만연한 세상에서 어른을 공경하는 모습이 드문 게 현실이다. 인권이라는 이름 아래, 이제는 어른이 아이를 섬겨야 할 판이다. 인사가 가장 기본적인 예절임에도 불구하고, 당연해야 할 인사만 잘해도 넘치는 칭찬을 받는 시대가 되었으니 어디서부터 잘못된 것일까?

하나님의 자녀는 달라야 한다. 부모는 자녀들이 어른을 공경하고 예절을 갖추도록 가르쳐야 하고, 인성을 갖춘 아이로 자라도록 가정에서부터 가르쳐야 한다. 삶의 작은 일에도 예수님의 향기가 전해지도록 인사부터 가르치자. 우리의 착한 행실로 하늘 아버지께 영광을 돌리기 위해서, 무엇보다 우리의 모습을 통해 그리스도를 증거하는 가정이 되기 위해 노력하자.

엄마표 신앙교육 하나님께 영광 돌리는 행실

• 기본적인 인사부터 가르치자

유치원에서나 배울 수 있는 기초적인 인사조차 안 하는 아이들이 많다. 인사만 잘 해도 칭찬 받고 사랑받는 아이가 될 수 있다. 어른들을 그림자 취급하며 무례하고 버릇없는 아이들로 키워서는 안 된다. 아이들 앞에서 먼저 인사하는 부모가 되자. 그리고 아이들도 동참시켜 인사성 밝은 아이로 키우자.

• 가정이 예절 학교가 되자

방학 때마다 예절 학교가 문전성시를 이룬다. 하지만 한 번의 교육으로는 절대 예의 바른 사람이 되거나 좋은 인성을 갖출 수 없다. 인성교육을 다른 사람에게 위탁하지 말고 부모가 가르치자. 매일 삶 속에서 습관적으로 예의를 가르치자. 가정이 인성교육의 가장 좋은 학교이기에 부모가 성숙한 인격을 소유하도록 노력하고 함께 예절학교를 세워나가자.

• 존대어를 쓰게 하고 말에서부터 공손함을 가르치자

존중하는 태도는 언어에서부터 나온다. 말과 행동이 다를 수 없기 때문이다. 무례하고 버릇없는 언어는 반드시 교정하고, 말과 행동이 일치하도록 공손함을 가르치자.

입술에 파수꾼을 세우자

독사의 자식들아 너희는 악하니 어떻게 선한 말을 할 수 있느냐 이는 마음에 가득한 것을 입으로 말함이라 선한 사람은 그 쌓은 선에서 선한 것을 내고 악한 사람은 그 쌓은 악에서 악한 것을 내느니라 내가 너희에게 이르노니 사람이 무슨 무익한 말을 하든지 심판 날에 이에 대

하여 심문을 받으리니 네 말로 의롭다 함을 받고 네 말로 정죄함을 받으리라 마 12:34-37

청소년들이 75초에 한 번 꼴로 욕을 한다는 기사를 본 적이 있다. 비속어, 은어, 신조어 사용으로 언어습관의 심각한 문제가 제기되고 있는 게 어제오늘 일은 아니다. 문제는 교회 안에서도 상당수 아이들이 걸러지지 않은 말을 서슴없이 내뱉는다는 것이다.

청소년들을 외계인이라고 지칭하는 것처럼 아이들끼리 나누는 대화를 들어보면 소통이 불가하다. 알아들을 수 없는 말은 두 번째 문제이고, 욕설이 섞여 있는 천한 말들을 뜻도 모른 채 여과 없이 사용하기에 그렇다. 청소년들이 특정 단어를 강조하며 쓰는 접두사 '개'는 듣기에도 여간 불편한 것이 아니다. 청소년 언어개선 프로그램이나 교육에도 애를 쓰고 있지만 또래 집단에서 습관처럼 자리 잡은 언어를 고치기란 쉽지 않다.

우리 아이들도 가끔 예상치 못한 말을 자기도 모르게 내뱉을 때가 있다. 그럴 때마다 방금 사용한 말의 뜻을 아는지, 한 번 더 사용했을 때 부끄러움이 없는지 물어본다. 덕이 되고 은혜를 끼치는 말인지 되물으면 자각하고 사용하지 않으려고 노력하는 모습을 보인다.

말은 선하거나 악하지 않다. 그 말을 사용하는 사람이 악하거나 선한 것이다. 사람의 감정을 전달하는 말의 특성상 말은 상대방의 감정에 너무나 큰 영향을 끼친다. 무심코 내뱉은 말이 누군가에게 상처가 되고 영혼을 죽이는 일로 이어진다면 그건 명백한 죄다. 작금의 안타까운 뉴스를 보면 말로 인한 상처와 고통, 아픔이 죽음에 이르게 하기도 한다.

하나님의 자녀는 건강하고 좋은 말, 칭찬과 격려의 말, 사랑과 위로의 말, 용서와 화목의 말, 선한 말 등 생명과 축복의 말을 전하는 통로가 되어야 한다. 말은 언제나 그 사람과 닮아있고, 그 사람의 성품이고 인격이다. 말의 품격이 곧 그 사람의 품격을 결정하기 때문이다.

여호와여 내 입에 파수꾼을 세우시고 내 입술의 문을 지키소서
시 141:3

입술에 파수꾼을 세우는 일도 부모의 몫이다. 올바른 언어습관을 갖도록 가정에서 끊임없이 필터링 해줘야 한다. 아틀랜타에서 목회하고 계신 한 목사님은 두 딸에게 한국말을 잊지 않도록 사극 비디오를 늘 보여주셨고, 가정에서는 모국어만 사용하도록 가르치셨다고 한다. 덕분에 부모님께 극존칭을 쓰게 되었고, 유창한 한국말로 부모님과 소통하며 이민사회에서 겪는 어려움을 잘 극복했다고 한다.

언어로 인한 소통의 단절은 비단 이민 가정만의 문제가 아니다. 많은 가정이 자녀들과 소통의 단절을 경험하며 살고 있다. 바깥에서 사용하는 언어를 일일이 다 걸러낼 방법은 없다. 하지만 어릴 때부터 가정에서 생각과 말, 행동이 순전해지도록 가르쳐야 한다.

부정적이고 상처 주는 말, 음담패설과 거짓말, 욕, 비꼬고 놀리는

말, 낮추는 말, 불경스럽고 저속한 농담 등 사망과 저주의 말이 입에서 떠나도록 가정에서 걸러주자. 더불어 입으로 죄를 짓지 않기 위해 입술에 파수꾼을 세워주시길 기도하자.

지혜를 얻으며 명철을 얻으라 내 입의 말을 잊지 말며 어기지 말라
잠 4:5

부모들이 아이의 말에서 성경적이지 않는 부분을 지적하지만 때로는 부모의 지적이 성경적이지 않을 때가 있다. 사랑이 없는 율법적 지적은 잔소리에 불과하다. 부모의 입에서 떠난 말이 자녀의 평생에 삶의 에너지를 소진하게 만들 수도 있고 살아가는 버팀목이 될 수도 있음을 기억하자.

부모의 말도 자녀의 영혼에 많은 영향을 주기에 자녀들의 입술에 파수꾼을 세우기 전에 부모의 입과 혀를 지킬 수 있길 기도하며 노력하자. "뇌는 언어의 지배를 받는다. 언어가 우리의 뇌를 지배한다"라는 말이 있다. 언어도 습관이다. 늘 버릇처럼 사용하는 언어가 무의식 가운데 튀어나와 행동으로 드러나게 된다. 입을 통해 내뱉는 언어를 우리의 귀가 듣고 머리에서 생각하고 행동으로 반응하는 것이다.

한 번 내뱉은 말은 또 다시 내뱉을 수 있는 물꼬를 튼다. 참고 참았던 말을 내뱉고 나면 그 순간은 묵은 체증이 내려가는 듯 하지만 물꼬를 튼 말들은 다시 담을 수가 없다. 모든 죄가 그렇듯 처음이 어렵지 두 번 세 번은 어렵지 않다.

부모와 자녀가 경우에 합당한 말을 하며 바른 언어의 습관을 길들일 수 있도록 가정에서 함께 노력하자. 우리 가정, 우리 아이만 변한다고 세상이 달라지지는 않는다. 그래도 거기서부터 시작하자. 그리고 자녀의 친구들과 속한 공동체에서 선한 영향력을 흘려보낼 수 있도록 자녀들을 격려하고 응원하자.

그러므로 모든 더러운 것과 넘치는 악을 내버리고 너희 영혼을 능히 구원할 바 마음에 심어진 말씀을 온유함으로 받으라 약 1:21

엄마표 신앙교육 파수꾼을 세워 입술의 문을 지키자

• 구부러진 말과 삐뚤어진 말을 멀리하자
부모의 입술에서 무심코 던지는 비난과 정죄의 말을 버리자. 자녀의 입술에도 그대로 담긴다. 비난과 정죄는 사랑 없음을 증명하는 말이다. 비난과 정죄가 자녀의 영혼을 죽일 수 있음을 잊지 말자. 말에 생명이 있다. 축복의 말을 통해 자녀를 살리고 세워주도록 노력하자(잠 4:24).

• 더러운 말은 입 밖에도 내지 못하게 하자
자녀의 입술에서 걸러내야 할 언어를 점검하자. 욕, 비꼬는 말, 놀리는 말, 상처 주는 말, 속이는 말 등 사망과 저주의 말들은 듣는

즉시 그 자리에서 정화하고 교정해야 한다. 자녀가 선한 말로 은혜를 끼치게 하자(엡 4:29).

• 거짓 증거 하지 말라(출 20:16)
거짓말은 죄라는 것을 명확하게 가르치자. 거짓말하는 자는 주님 앞에 서지 못한다고 성경에서 정확하게 말한다(시 101:7).

• 공경하는 언어를 사용하게 하자
요즘 청소년들 사이에서 아무렇지 않게 패드립(부모님을 욕하거나 개그 소재로 삼아 놀릴 때 쓰는 말)이 유행하고 있다. 성경은 아버지나 어머니를 저주하는 자는 반드시 죽는다고 경고한다. 시대가 악하지만 부모를 존경하고 공경하는 언어를 입에 담도록 가르치자(출 21:17).

• 경우에 합당한 말을 하자
분을 참지 못해 성급하게 내뱉는 말이 없도록 지도하자. 분쟁, 다툼, 시기, 질투 등 공격의 말을 걸러주자. 말이 많으면 허물을 면하기 어려우나 그 입술을 제어하는 자는 지혜가 있다(잠 10:19). 의인의 입술은 기쁘게 할 것을 알지만 악인의 입은 패역을 말한다(잠 10:32).

- 선한 말, 은혜 끼치는 말을 하자

  칭찬과 격려의 말, 사랑과 위로의 말, 용서와 화목의 말, 선한 말, 남을 세워주는 말 등 생명과 축복의 말을 전하는 그리스도의 향기가 되도록 하자(잠 16:24).

- 할 말을 가르쳐주시길 기도하자

  입술을 제어하고 통제할 힘은 오직 주께 있다. 거룩한 입술이 되기를 기도하고 필요한 자리에서 선한 말을 넣어주시길 소망하며 간구하자(출 4:12).

식탁 예절을 가르치자

그런즉 너희가 먹든지 마시든지 무엇을 하든지 다 하나님의 영광을 위하여 하라 고전 10:31

"식탁에서 떠드는 거 아냐! 밥 먹을 땐 조용히 먹는 거야."

밥 먹는 아이들에게 할머니의 불호령이 떨어졌다. 아이들에게 이해되지 않는 꾸지람이었지만 할머니 댁에서는 그 분의 법을 준수해야 했기에 조용하고도 신속하게 식사를 끝냈다.

말없이 밥 먹는 일에만 집중하고 식사를 끝내는 것이 미덕이라 여기던 시절이 있었다. 밥 먹을 때 떠들면 복 나간다는 소리를 들었고,

화장실이라도 다녀오는 날에는 어김없이 아버지의 훈육을 들어야 했으며, 음식 먹는 소리와 적막이 공존하는 어색한 식사 시간을 난 기억하고 있다.

하지만 우리 가정은 식사하면서 가장 많은 이야기를 나눈다. 특히 저녁식사 시간은 하루에 있었던 일들을 브리핑하며 앞다투어 말하느라 분초를 다툴 만큼 자유로운 소통의 시간이다. 한 가지 주제가 생기면 밥알을 튀겨가며 주제를 논하느라 밥 먹는 것도 잠시 잊을 정도이고, 즐거운 대화의 장을 마련하는데 저녁 식탁이 우리 가정에 하나의 문화로 자리 잡은 이유이기도 하다. 가족 구성원이 많다 보니 더 풍성한 식탁의 교제를 누릴 수 있는 것 같다.

식탁에서의 자유로운 소통 이면에 어릴 때부터 아이들에게 습관처럼 가르쳐온 식탁 예절들이 있다. 첫 번째는 감사다. 한 가지의 음식이 완성되어 식탁에 놓이기까지 얼마나 많은 수고와 정성이 녹아져 있는지를 안다면 맛이 있고 없고를 떠나 불평할 수가 없다. 정성과 수고에 대한 감사와 음식의 귀함을 가르쳐야 한다. 쌀 한 톨과 한 잔의 물, 하나님이 주신 그 어떤 것도 귀하지 않은 것이 없다.

남편은 식사를 대할 때마다 늘 감사표현을 한다. 아이들도 감사의 인사와 함께 준비한 어머니에게 힘을 달라고 꼭 기도해준다. 풍요로운 살림이 아니기에 풍성한 식탁을 제공할 수 없지만 김치 하나만으로도 감사하며 먹어주는 가족들로 인해 늘 감사할 뿐이다.

어른들의 식사자리에 아이들이 종종 동석하는 경우가 있다. 대부분 아이들의 입맛에 맞춰 음식을 정하기도 하지만 어른을 만나는 자리일 때 아이들이 못 먹거나 좋아하지 않는 음식을 먹어야 하는 경우도 맞닥뜨린다.

한 번은 존경하는 여운학 장로님과 함께하는 식사자리였다. 그날의 음식은 아구찜이었고, 먹지 못하는 음식 앞에 아이들이 난색을 표하며 거절할 수 있었음에도 감사를 전하며 콩나물과 김치만으로 맛있게 식사를 끝냈다.

아이들에게 못 먹는 것을 억지로 먹으며 무조건 감사하라고 가르치진 않는다. 그러나 누군가 우리에게 식사대접을 할 때는 가장 좋은 것을 대접하기 마련인데 내 기호 때문에 베푸는 사람의 성의와 호의를 거절하지는 말자고 가르쳐왔다. 그래서인지 "뭐 먹고 싶니?"라고 어른들이 물어오면 아무거나 괜찮다고 감사하게 먹는 훈련이 되어온 건 사실이다.

두 번째는 예의다. 식탁 예절에는 여러 가지가 있다. 식사 자리를 지키는 일, 수저를 챙기는 일, 어른이 먼저 수저를 들 때까지 기다리는 일, 어른부터 챙기고 손님 먼저 드시도록 배려하는 일 등 기본적인 식탁 예절을 지켜나가고 있다. 예전에는 당연한 것으로 여겨지던 일들을 이제는 가정에서 가르쳐야 한다.

혼밥 시대, 혼자 하는 것이 편한 세상에서 격식을 갖추고 예의를 지키는 것이 불필요한 소모라고 생각할지도 모르겠지만 중국 상류층에서는 1,400만 원짜리 서양식 예절 교육이 큰 인기를 끌고 있다고 한다. 포크 사용법부터 오렌지 껍질 까는 법, 코스요리와 와인 마시는 방법까지 국제교류를 위해 값비싼 대가를 지불하며 교육을 받는다. 하물며 하나님의 자녀들은 삶의 자리에서 먹든지 마시든지 무엇을 하든지 하나님의 영광을 드러내야 하지 않을까?

아이들에게 엄격하게 식탁예절 교육을 시켰던 것은 아니다. 함께하는 자리에서 본을 보이는 것이 가장 큰 교육이다. 하와이에서 예수 제자훈련 중 남편을 만났을 때 그의 별명은 '매너 리'(manner Lee)였다. 식사 시간에 항상 수저를 먼저 세팅한다든지, 앞서 달려가 문을 열어준다든지, 몸에 습관처럼 매너가 배어 있어서 자매들이 붙여준 별명이었다.

남편은 결혼 생활 중에도 그런 면모를 아낌없이 보여주었다. 남편의 본을 자연스럽게 배운 아이들이 시키지 않아도 일상에 녹아들기 시작했다.

교회에서 첫째 아이 반에서 회식이 있던 날, 아이들 잘라 먹이느라 분주한 선생님께 아이가 자기 스테이크를 미리 덜어 먼저 드시라고 드렸단다. 먹느라 바쁜 아이들 틈에서 선생님을 먼저 챙긴 아이의 행동에 감격한 선생님이 두고두고 칭찬을 하셨다. 아이의 마음이 담긴 작은 섬김이 선생님에겐 큰 기쁨과 행복이 되었다는 말씀에 참 감사했다.

가끔 외식을 하면 아이들이 많다 보니 보조 그릇이며 많은 양의 식기류를 사용하게 된다. 일하시는 분들께 조금이나마 보탬이 되고자 식사를 마치면 그릇별로 뒷정리하는 것이 우리 부부의 습관인데 아이들도 본대로 행하는 모습을 보게 된다. 가르치기 전에 본을 보이는 것이 너무나 중요한 교육임을 실감하지 않을 수 없다.

밥상머리 교육이 중요한 교육으로 대두되는 것은 그만큼 정서적 유대감과 안정감을 느낄 수 있기 때문이다. 가족과 함께하는 식사 시간은 자녀에게 올바른 가치관과 인성을 가르치는 중요한 배움의 시간임을 기억하자.

무슨 일이 있어도 얼굴을 마주하고 따스한 밥을 함께 먹는 시간을 마련하자. 서로 마음을 나누며 소통하는 하루하루가 가족 모두에게 소중한 추억이 되고 가정에서 자연스럽게 녹아든 식탁 예절이 사회의 한 구성원으로서 성숙한 성품을 드러내게 될 것이다.

엄마표 신앙교육 식탁 예절 시간을 마련하자

• 서로의 얼굴을 바라보며 대화하자

가족이 함께 마음을 나누고 소통하는 시간을 다른 것에 자리를 내어주지 말자. 온전히 가족에게 집중하는 시간이 그리 많지 않다. 식사 시간만큼은 미디어를 멀리 하자.

• 우리 가정만의 규칙을 만들자

우리 집엔 기본적인 식사 예절 외에 밥 먹을 때 책 읽지 않기, TV 보지 않기, 스마트폰 보지 않기, 다른 사람의 식사가 끝날 때까지 자리 지키기, 자신이 먹은 식기는 개수대로 옮겨 놓기 등의 룰이 있다. 각 가정의 식사 예절과 규칙을 만들어보자.

• 식사 대접하는 손길에 감사를 표현하자

사 남매의 삼시세끼를 챙기는 일이 결코 쉽지 않지만, "수고했어요. 고마워요. 잘 먹을게요" 하는 남편의 감사와 맛있게 먹어주는 아이들 덕분에 힘을 얻는다. "감사합니다. 잘 먹겠습니다." 마음 담은 작은 감사를 표현하도록 가르치자.

• 기본적인 예절과 규범을 가르치자

가정과 공공장소에서 지켜야 할 예절과 규범을 가르치자. 노키즈존(No Kids Zone)을 불평하기 전에 예스키즈(Yes Kids)로 환영받을 수 있도록 기본을 가르치는 것이 먼저다.

• 탐욕을 버리고 배려하자

아이들이 많다 보니 맛있는 음식 앞에서 절제하지 못하거나 욕심을 낼 때가 있다. 이기적인 탐욕은 화평을 깨트린다. 먹는 일로 다툼이 없도록 가르치자. 먹는 것으로 다투는 것만큼 유치하고 부끄러운 일이 없다. 다른 사람을 배려하여 성령의 열매를 맺을 수 있게 하자(잠 17:1).

• 식사 시간을 훈육의 시간으로 만들지 말자

어린 시절 밥 먹다 아버지께 훈육을 받았을 때 눈물에 비벼먹는 밥이 목에 걸려 넘어가지 않던 기억이 생생하다. 식사 시간만큼은 화평을 깨트리지 않도록 주의하자. 밥 먹을 때마다 훈육하는 부모님이 떠오른다면 식사 시간을 회피할 것이다.

• 규칙적인 식사 습관을 기르자
아이들이 배고프다고 말하면 시계를 보지 않아도 대략 8시, 12시, 6시다. 규칙적인 습관이 식사 알람이 되었다. 모든 삶에 규칙적인 습관을 들이는 것은 참 좋은 일이다.

불평을 버리고 감사를 선택하자

그리스도의 평강이 너희 마음을 주장하게 하라 너희는 평강을 위하여 한 몸으로 부르심을 받았나니 너희는 또한 감사하는 자가 되라 그리스도의 말씀이 너희 속에 풍성히 거하여 모든 지혜로 피차 가르치며 권면하고 시와 찬송과 신령한 노래를 부르며 감사하는 마음으로 하나님을 찬양하고 또 무엇을 하든지 말에나 일에나 다 주 예수의 이름으로 하고 그를 힘입어 하나님 아버지께 감사하라 골 3:15-17

둘째 아이가 교회학교 아동부 전국연합회에서 주최하는 전국어린이대회에 암송 부분으로 출전한 일이 있다. 대회를 치르기 전 대회장에서 미리 말씀 복습을 하는데, 안내 오류로 대회장 안에서는 연습할 수 없는 상황이었다. 장소가 여의치 않아 복도에서 점검하는데 아이의 얼굴에 구김살이 가득했다.

동행했던 선생님의 권유로 한 번 더 연습했더니 아이의 얼굴이 일그러지다 못해 불만으로 가득 찼고, 암송이 끝나자마자 선생님의 손을 뿌리치고 예배드리는 장소로 가버렸다. 무엇 때문이지 영문도 모른 채 그런 상태로 예배를 드리고 대회에 참가하도록 내버려둘 수는 없었다.

　아이를 데리고 밖으로 나와 자초지종을 들어보니 덥고 힘든데 한 번 더 하자는 말에 기분이 안 좋았고 암송 장소가 아닌 복도에서 암송하는 것에 짜증이 났단다. 물론 아이의 힘들고 어려운 마음을 이해 못 하는 바는 아니었다. 하지만 여러 상황이 여의치 않았음을 아이가 알았음에도 기쁨과 감사로 준비해 왔던 지난 시간은 온데간데없고 그 짧은 시간에 본인의 감정에 따라 선생님께 한 아이의 행동에 대해서는 책임을 물어야 했다. 그리고 불평과 불만의 마음을 돌리지 못할 거면 대회에 참가하지 말라고 했다.

　대회를 치르기 위해 창원까지 왔는데 참석하지 말라는 엄마의 말에 자칫 놀라는 눈치였다. 예배든 대회든 주님의 말씀이 선포되고 주님을 높이는 자리라면 우리의 마음이 바르게 정돈되어야 하며 온전하고 순전한 마음으로 주님 앞에 서야 한다고 아이에게 알려주었다. 그리고 품에 안고 아이의 힘든 마음을 헤아려주었더니 눈물을 보였다. 응어리진 마음을 풀고 선생님께 사과를 드리고서야 예배에 참석하고 대회장에 들어설 수 있었다.

　아이들에게 늘 하는 말이 있다.

　"이 세상에는 그 어떤 것보다 전염성이 강한 두 가지가 있어. 하나는 사람을 죽이기도 하지만 하나는 사람을 살려. 이 둘 중에 넌 어떤 것을 선택할래?"

아이들은 당연하다는 듯 사람을 살리는 후자를 선택한다. 하지만 우리는 대부분 상황과 마주할 때 전자를 선택한다. 사람을 죽이는 것과 살리는 것, 그건 바로 불평과 감사다.

불평은 나의 심령도 죽고, 다른 사람도 함께 죽게 만든다. 반대로 감사는 나도 살고 타인도 살릴 뿐 아니라 기쁨과 행복을 전염시킨다. 어떤 일이든 아이들이 마주하게 되는 선택 앞에서 전염성이 강한 이 두 가지를 꼭 상기시킨다. 아이들도 자신의 선택에 따라 모든 것이 달라지는 것을 경험했기에 불평과 감사의 기로에서 감사를 선택하려고 노력하고 있다.

모든 지킬 만한 것 중에 더욱 네 마음을 지키라 생명의 근원이 이에서 남이니라 잠 4:23

불평과 감사가 거하는 곳은 마음이다. 같은 공간에 있지만 절대 공존할 수는 없다. 마음을 지켜내지 않으면 절묘한 타이밍의 선택에 따라 마음을 채우는 것이 달라진다. 우리는 나도 살고 남도 살리는 감사가 마음에 채워지길 노력해야 한다.

불평을 이기는 힘은 감사와 찬양밖에 없다. 습관적으로 매 순간 입술에 찬양을 채우고 범사에 감사하는 훈련을 하자. 주어지고 있는 것에만 감사하는 것을 넘어 그리 아니할지라도 감사할 수 있어야 진정한 감사인 것을 온 가족이 배워나가야 한다.

하박국의 기도처럼 모든 것이 없어도 여호와로 말미암아 즐거워하며 구원의 하나님으로 말미암아 기뻐하며 감사하는 가정이 되자. 소소한 감사, 일상의 감사, 그리 아니하실지라도 감사, 그럼에도 불구하고 드리는 감사가 자녀들과 가족의 입술에서 떠나지 않기를 소망하며 기도하자.

감사함으로 그의 문에 들어가며 찬송함으로 그의 궁정에 들어가서 그에게 감사하며 그의 이름을 송축할지어다 시 100:4

엄마표 신앙교육 불평을 버리고 감사를 선택하자

• 불평은 용납하거나 수용되지 않음을 가르치자

불평불만은 심판의 대상이지 위로의 대상이 아니다. 이스라엘 백성이 출애굽할 때 하나님께 끊임없이 지은 죄가 불평불만이었다. 부어주시는 은혜를 망각하는 순간 감사를 놓치고 불평의 자리에 서게 된다. 불평은 절대 용납되거나 수용되지 않음을 가르치고, 매순간 감사하도록 훈련하자. 범사에 부어주시는 은혜에 감사할 때 불평을 이길 수 있다(시 37:8).

• 범사에 감사하는 훈련을 하자

우리 가정에서는 아침에 말씀을 묵상할 때 감사제목 5가지를 꼭 쓰게 한다. 그리고 저녁에 가정예배 드릴 때 감사했던 것들을 나눈다. 감사도 훈련이다. 감사제목을 나눌 때 주어진 것, 있는 것이 아닌 그렇지 않음에도 감사한 것들을 나눠보자. "나는 비천에 처할 줄도 알고 풍부에 처할 줄도 알아 모든 일 곧 배부름과 배고픔과 풍부와 궁핍에도 처할 줄 아는 일체의 비결을 배웠노라"(빌 4:12)라고 고백하는 바울처럼 어떠한 형편에든지 자족할 수 있는 감사의 사람이 되길 바라며 매일 감사의 훈련을 이어나가자(시 50:14,15).

그날의 갈등은 그날에 풀자

분을 내어도 죄를 짓지 말며 해가 지도록 분을 품지 말고 엡 4:26

"그날의 피로는 그날에"라는 잘 알려진 광고 카피가 있다. 그날에 풀어야 할 것이 피로만 있는 것이 아니다. 가족이라면 갈등도 그날에 꼭 풀어야 한다. 가정의 화평을 깨뜨리는 것이 있다면 바로 해결함이 마땅하지만 때로는 쉽게 풀어지지 않는 문제도 있기 마련이다.

우리 가정에서는 화평이 깨진 상태로는 절대 잠자리에 들지 않는 법이 있다. 아이들도 어떻게든 갈등을 해결하고 하루를 마무리하려고 노력한다. 갈등의 골이 아무리 깊어도 잠자리에 들기 전엔 꼭 해결하고 넘어간다.

그런 면에서 남편은 참 탁월하다. 남편이 아이들에게 잘못한 경우라면 꼭 용서를 구하고 마음의 응어리를 풀어준다. 용서를 구하는 아버지를 아이들은 절대 외면하지 않는다. 언제 무슨 일이 있었냐는 듯 서로 끌어안고 뽀뽀로 훈훈하게 마무리한다.

아이들이 잘못한 경우에도 죄송한 마음을 전하거나 어떤 날은 쪽지를 써오곤 하는데, 꼭 사 남매가 세트로 가져올 때가 많다. 글씨도 모르던 막내가 언니 오빠들을 따라 방언처럼 써온 사과 쪽지에 웃음이 터져 화해의 통로가 되기도 했다.

마음에는 남녀 간 차이가 있는 것 같다. 형제들은 대부분 갈등이 있다가도 마음을 풀어주면 금세 좋아지지만 자매들은 그렇지 않다. 두 딸을 보면 상처받은 마음이 회복되는데 제법 시간이 필요하다.

사실 나도 쉽지 않을 때가 있다. 갈등을 해결하고 화해의 시간을 거쳤지만 내 마음엔 아직 회복되지 않는 무언가로 인해 시간이 더 필요함에도 첫째 아이와 둘째 아이는 언제 그랬냐는 듯 와서 스킨십을 할 때 의지적으로 감당하곤 한다.

형제와 자매의 갈등해결 방법이나 속도가 다름을 알기에 두 오빠들에게 여동생들의 마음을 잘 헤아려주는 방법과 기다림의 법칙을 가르쳐준다.

가지 많은 나무에 바람 잘 날 없듯이 우리 가정에서도 크고 작은 갈등의 순간들이 있다. 그럼에도 분쟁과 갈등을 그날에 꼭 푸는 이유는 서로의 마음이 상한 채 방전된 상태로 잠자리에 들면 밤새 평안하지 않을 뿐 아니라 다음날 기쁘고 감사한 하루를 시작할 수가 없기 때문이다. 방전된 마음을 충전하기까지 오랜 시간이 걸리고 말씀으로 시작하는 하루가 불편하고 어렵다. 아침에 기쁜 마음으로 주의 인자하심을 노래하며 찬양할 수 있도록 해가 지도록 분을 품지말고 그날의 갈등은 그날 푸는 화평한 가정이 되자.

> 형제들아 내가 우리 주 예수 그리스도의 이름으로 너희를 권하노니 모두가 같은 말을 하고 너희 가운데 분쟁이 없이 같은 마음과 같은 뜻으로 온전히 합하라 고전 1:10

엄마표 신앙교육 갈등은 그날 꼭 풀자

• 화평하게 하는 자들이 되자

지혜 있는 사람이 가져야 할 덕목이 화평이다. 미움이 있는 곳에 평화와 사랑을, 분열이 있는 곳에 화해와 일치를 가져오는 사람이 화평하게 하는 사람이다. 부모와 자녀 모두가 화평의 도구가 되기 위해 노력하자. 그곳에 사랑과 평화의 열매가 아름답게 맺힐 것이다(약 3:18).

• 무슨 일이든 용서하자

사탄이 싫어하는 3종 세트가 감사, 회개, 용서다. 나의 죄를 용서해주신 주님 앞에 용서하지 못할 이유는 하나도 없다. 용서 못하는 마음 때문에 오히려 내가 덫에 걸리는 일이 없어야 한다. 서로 친절하게 하며 불쌍히 여기며 용서하는 삶이 말씀대로 사는 삶임을 기억하고 가족과 이웃에게 용서를 실천해보자(엡 4:32).

자기성찰 반성문

그러므로 너희는 하나님이 택하사 거룩하고 사랑 받는 자처럼 긍휼과 자비와 겸손과 온유와 오래 참음을 옷 입고 누가 누구에게 불만이 있거든 서로 용납하여 피차 용서하되 주께서 너희를 용서하신 것같이 너희도 그리하고 이 모든 것 위에 사랑을 더하라 이는 온전하게 매는 띠니라 골 3:12-14

난 의로운 재판관이 아닌데 사 남매가 크고 작은 문제를 가지고 와서 시시비비를 가려주길 바랄 때가 하루에도 여러 차례다. 각자 입장에서 억울함을 피력하기에 누구 편에 서서 올바른 판결을 내려주는 게 참 쉽지 않다.

물론 죄를 다루고 훈육을 해야 하는 경우라면 즉각 판결을 내리지만, 그렇지 않은 사소한 일들로 시비를 가려야 하는 경우엔 스스로 생각하고 문제를 해결하도록 자기성찰 반성문을 써오도록 한다. 자칫 잘못 판결할 수 있는 여러 가지 사건들도 써온 글을 읽어보면 아이들의 감정이 고스란히 녹아 있어 세심하게 마음과 입장을 이해하고 헤아릴 수 있다.

사람들은 종종 바람 잘 날 없는 다자녀 가정에서 평정심을 유지하는 비결을 물어온다. 내 인격과 참을성이 좋아서 평정심을 유지하는 것이 아니라 불필요한 에너지 소모를 줄이고 갈등 관계를 만들지 않는 데 비결이 있다. 모든 일에 관여하고 시비를 가리다 보면 형제들 간을 넘어 부모 자녀 사이도 갈등을 겪을 수밖에 없다. 아이들이 생각을 정리하는 시간이 내게는 숨을 고르며 평정심을 유지하는 시간이며 유연성을 키우는 시간이기도 하다.

"어머니, 쓸 때는 화나서 쓰기도 싫고 짜증도 나고 그러는데요 쓰고 나면 마음이 시원하고 편해져요."

자기성찰을 쓰게 하는 이유는 자신의 감정과 타인의 감정을 정확하게 들여다보면서 생각과 이해의 크기가 커지고 스스로 마음을 정리하고 감정을 다스리게 하기 위함이다.

화나고 감정이 격해 있거나 의견이 충돌할 때는 감정을 제대로 표현하는 것이 참 어렵다. 논리적으로 싸우는 것이 쉽지 않아서 감정적으로 서로에게 접근하다 보니 결말이 나지 않고 감정의 골이 깊어지기도 한다. 싸우는 것도 기술이 필요하다는 말처럼 자기성찰을 통해 나를 알고 상대방을 알아 문제를 지혜롭게 해결하기 위해 갈등 해결의 여러 방법을 사용하고 있다. 자신의 마음 상태를 들여다보고 정리하다 보면 타인을 이해하고 미숙했던 자신의 행동을 돌아볼 수 있다.

또 예수님의 관점에서 자신을 돌아보고 회개의 자리까지 갈 수 있다. 성령께서 떠오르는 말씀을 주실 때 스스로 성찰하며 깨닫게 되기도 한다. 부모의 개입을 통해 갈등을 해결해야 할 때도 있지만 시시콜콜 간섭하지 말고 아이들에게 맡겨보자.

부모가 훈육할 때나 형제간의 갈등을 해결할 때 절대 하면 안 되는 한 가지가 있다. 지난 일을 들추어내는 것이다. 지금 일어난 일, 즉 당면한 문제만 해결해야 하는데 과거가 개입되는 순간부터 문제가 확장되고 해결의 실마리를 풀지 못한 경우가 많다. 부모든 아이든 의외로 갈등의 순간 과거지향적이 된다. 이건 부부간에도 마찬가지다. 묵혀둔 지난 일들을 꺼내는 순간 감정의 골은 깊어지고 반발심만 커진다. 과거의 일을 꺼내 교정하거나 갈등을 해결하려는 것은 지혜롭지 못한 방법이다.

부모와 자녀가 함께 미래지향적인 갈등 해결을 위해 서로 노력하자. 갈등을 야기하는 그 문제만 바라보자. 하나님께서도 우리의 과거의 죄는 묻지도 따지지도 않으신다.

훈계의 목적은 회개와 소망이다. 회개는 과거의 죄를 뉘우치는 것이고, 소망은 변화된 모습으로 같은 죄를 반복하지 않는 것이다. 그리고 훈계의 전제는 용서다. 과거를 들추어내는 징벌의 역할보다 하나님의 사람으로 온전하게 될 아이의 미래를 지향하며 용납하고 용서하는 데 있다.

하나님께서는 부모를 통해 하나님의 용서를 경험하게 하신다. 용서받는 아이가 남도 용서한다. 그러나 용서의 마음은 성령께서 주시는 것이지 부모가 만들어낼 수 없다. 부모들이 꼭 해야 할 것은 아이의 마음에 있는 죄는 죽이되 절대 마음을 죽여서는 안 되는 것이다.

회개와 용서를 입으로만 가르치지 말자. 그 자리에서 함께 은혜를 경험하도록 하자. 훈육의 최종 목표는 자녀가 하나님의 자녀로서 합당하게 살도록 하는 것에 있다. 용납과 용서를 통해 하나님의 사랑을 경험하고 하나님을 닮아가도록 하나님의 사랑을 보여주는 부모가 되자.

엄마표 신앙교육 용납하고 용서하자

• 스스로를 돌아보자

심각한 죄의 문제가 아닌 이상 형제간 다툼이나, 스스로 자각하고 성찰해야 할 일들 앞에서는 자기성찰 반성문을 써보게 하자. 문제의 원인을 생각하고 상대방과 예수님의 관점에서 생각해보며 스스로 돌아보고 개선해야 하는 문제점들을 생각해보도록 도와주자. 갈등 해결의 실마리는 상대방에게 있지 않다. 나를 먼저 돌아보고 성찰하는 시간이 필요하다. 우리는 모두 죄인이고 우리에겐 예수님이 필요하다는 사실을 잊지 말자(빌 2:5).

- 문제의 원인과 내 생각을 정리해보기
- 상대방의 관점에서 생각해보기
- 예수님이라면 이 문제를 어떻게 하셨을지 생각해보기
- 고민하고 개선해야 할 나의 모습은 무엇일지 생각해보기
- 예수님의 마음과 생각나는 말씀을 적어보기
- 하나님께 드리는 나의 고백 기록하기
- 기도로 마무리하기

- 미움과 시기, 질투의 특효약

형제간에 일어나는 갈등은 시기와 질투에서 비롯되는 경우가 많다. 상대방이 무언가 더 가졌을 때, 혹은 나보다 더 잘할 때 등이다. 이럴 때 쓰는 특효약이 있다. 바로 상대방의 장점을 20가지 쓰거나 감사한 이유 20가지를 쓰고 낭독하게 한다.

갈등이 있는 상태이지만 신기하게도 서로의 장점을 잘 찾아내고 감사의 이유를 쓴다. 장점과 감사한 이유를 서로에게 낭독해주면 인정받고 존중받는 마음 때문인지 금세 딱딱한 마음이 유연해지는 걸 본다. 마지막으로 손을 잡고 눈을 바라보며 고백하게 한다.

"예수님의 이름으로 사랑하고 축복해."

두어 번 하다 보면 킥킥거리고 화해 모드로 돌입한다. 미움, 다툼, 시기, 질투에 특효약은 용서, 감사, 사랑이다(잠 10:12).

• 침묵하자

자녀에게 쏟아놓고 싶은 말이 많더라도 침묵해보자. 훈계보다 더
효과적일 때가 있다. 때로는 침묵이 가장 큰 화해의 도구가 될 때
도 있다. 각자 침묵하며 생각할 시간을 갖는 것이지만 잠시의 침묵
도 견디기 힘든 아이들은 서로에게 얘기하고 싶어서라도 화해 모
드로 돌입하는 경우가 많다. 모든 문제 앞에 잠잠히 하나님만 바
라는 훈련을 쌓아가자. 내 말을 줄이고 나에게 말씀하시는 주님의
음성에 귀를 기울여보자(잠 10:19).

• 과거를 묻지 말자

부부, 부모와 자녀, 형제와 자매, 어느 관계에든 적용되는 규칙이
다. 어떤 순간에도 과거를 들추지 말자. 사탄은 끊임없이 우리 죄
를 들춰내고 정죄하며 사망의 길로 인도한다. 하나님께서는 우리
의 모든 죄악을 사하셨다. 부모가 먼저 그리스도의 사랑을 알아
자녀들을 용납하고 용서하자. 사망이나 생명이나 천사들이나 권
세자들이나 현재 일이나 장래 일이나 능력이나 높음이나 깊음이
나 다른 어떤 피조물이라도 우리를 우리 주 그리스도 예수 안에
있는 하나님의 사랑에서 끊을 수 없음을 자녀들에게 가르치자(롬
8:38,39).

• 기도로 마무리하자

형제간에 서로 잘못한 일이 있을 때 손잡고 화해의 말과 함께 꼭 기

도를 시킨다. 잘못한 사람이 먼저 사과하고 상대방에게 기도를 받게 한다. 용서하는 사람은 기도 받는 사람의 잘못을 말하지 않고 자신이 그리스도의 사랑으로 용서할 것을 기도하는 시간이다.

갈등의 원인을 남의 탓으로 돌리는 것만큼 어리석은 일이 없다. 나를 먼저 돌아보고 잘못을 인정하며 용서를 구하는 사람이 용기 있는 사람이라는 것을 가르치자. 기도를 통해 우리 죄를 용서하신 하나님의 사랑을 깨닫도록 기도로 마무리하자(빌 4:5).

올바른 가치관을 심어주자

오직 너 하나님의 사람아 이것들을 피하고 의와 경건과 믿음과 사랑과 인내와 온유를 따르며 믿음의 선한 싸움을 싸우라 영생을 취하라 이를 위하여 네가 부르심을 받았고 많은 증인 앞에서 선한 증언을 하였도다
딤전 6:11,12

올바른 성품과 가치관은 하루아침에 만들어지지 않는다. 가치관 역시 자연스러운 사고로 이어지려면 삶의 습관으로 녹아져야 한다. 자녀에게 사회의 구성원으로서 필요한 윤리 의식과 올바른 도덕성이 몸에 배게 해야 한다. 우리는 크리스천이라는 이름으로 살아가기에 하나님의 영광에 합당한 삶을 살아야 한다.

가정에서 올바른 가치관이 심어질 수 있도록 세심하고 세밀하게

가르치자. 우리 가정에서 사 남매에게 습관처럼 이야기하는 가치관들이 있다. 각자 하나님이 주시는 지혜로 더 풍성한 가치관을 만들어 가정에서 실천해보자.

엄마표 신앙교육 올바른 가치관을 심는 말을 하자

• 너는 하나님의 예배자야, 너는 예수님의 참 제자야

노트마다 이름 앞에 '예수님의 참 제자'라는 또 다른 이름을 붙여 놓는다. 자신이 누구인지 알게 하기 위함이다. 하나님의 예배자로, 예수님의 참 제자로 자라길 소망하며 이름을 부를 때 또 다른 이름도 함께 불러주자. 정체성은 아이에게 중요한 또 다른 이름이다(사 43:1).

• 손해 보지 않으면 섬길 수 없어

"~하면 ~해줄게."

"~하면 ~안 해줄 거야."

아이들이 협상카드로 내미는 말들이다. 줄 거면 그냥 주고 해줄 거면 그냥 해주는 거다. 이유와 조건을 달아 자기가 원하는 것을 쟁취하는 방법은 옳지 않다. 대가를 요구하는 희생은 없다. 어설픈 협상카드를 내밀며 조건 걸지 않도록 가르쳐야 한다. 섬김에는 손해가 따름을 가르치자(마 20:28).

• 내가 즐겁다고 다른 사람에게 피해를 주면 절대 안 돼

과도한 장난이 상대방에게 피해를 주는 경우가 많다. 분명 나는 재미있는데 다른 사람은 상처를 받는 경우다. 나만 좋으면 괜찮은 죄악이 세상에 만연하다. 내가 싫으면 남도 싫은 것이고, 내가 재미있어도 남이 싫어하면 해서는 안 된다고 정확하게 가르치자(마 7:12).

• 진리가 아닌 것엔 목숨 걸지 마

진리는 목숨 걸고 사수해야 한다. 하지만 진리가 아닌 것엔 융통성이 필요하다. 자녀들이 아무것도 아닌 일에 핏대 세우며 덤벼들지 않도록 유연함을 키우자. 진리가 주는 자유를 누리게 하자(요 8:32).

• 함께 웃어주고 함께 울어주는 거야

한 번은 시온이가 오빠들과 놀러 나가지 못한 게 속상해 울었다.
"엄마, 눈물은 안 나오지만 시온이랑 같이 울어야겠어요."
"사랑아, 갑자기 왜 그런 생각을 했어?"
"즐거워하는 자들과 함께 즐거워하고 우는 자들과 함께 울라고 하나님이 말씀하셨으니까요."
아이들에게 공감능력을 키워주자. 기쁨과 슬픔을 함께 나누는 아이들이 되도록 함께 울고 함께 웃자(롬 12:15).

• 예의를 갖추는 것은 기본 중의 기본이야

성숙한 인격은 다른 사람이 나를 평가하는 척도가 된다. 기본만 잘해도 되는 세상에서 예의 바른 자녀가 될 수 있도록 가정에서 기본을 가르치자. 예의와 예절은 선택의 문제가 아닌 기본 중의 기본임을 잊지 말자.

• 잘못은 정직하게 인정하고 용서를 구해야 해

잘못을 했다면 정직하게 인정하도록 가르치자. 정직함에는 너그러운 마음으로 용납하는 것도 중요하다. 하지만 용서를 구해야 할 일 앞에서 사과는 받는 사람이 받아야 사과가 된다. 받을 사람이 준비가 안 되어 있는데 사과했다고 끝나는 것은 아니라는 걸 가르쳐야 한다. 사람에게 사과 없이 하나님께 회개했다고 끝이 아니다. 용서를 구하는 것과 함께 회개할 수 있도록 해야 한다.

• 서로에게 꼬리표를 달지 말아라

부모든 아이든 가장 듣기 싫은 말이 있다. '항상, 늘, 만날' 같은 부사다. 우리 가정에서도 금기어지만 본인도 모르게 사용할 때가 있다.

"넌 항상 그러냐?"

"형은 만날 그러잖아."

한두 번의 실수나 잘못으로 인한 문제가 가정에서 아이의 꼬리표가 된다면 세상에서도 똑같은 꼬리표를 달고 경솔하고 신중하지 못한 아이가 될 것이다. 아이에게 무한한 잠재력이 있어도 부모나 타인 혹은 스스로 한계를 정할 때 뛰어넘지 못하고 생각에 갇혀버릴 수 있다. 자녀에게 꼬리표를 달지 말자. 가정은 달고 온 꼬리표를 자르는 곳이어야 한다.

• 부모님이 없을 땐 형이 부모님 대신이야

형제들 간에도 하나님이 세우신 질서와 권위가 반드시 필요하다. 특히 자녀가 많은 경우 형제 사이에 권위가 무너지면 가정은 전쟁터가 된다. 불필요한 권위를 내세워 동생들을 괴롭히지 않도록 주의하되 책임감을 갖고 형제간 질서를 세워나갈 수 있도록 부모의 지원과 협력이 필요하다.

• 약속은 지키는 거야

약속은 꼭 지키는 것을 원칙으로 정하다 보니 말실수가 두려울 때가 있다. 아이들이 정확하게 기억하고 약속 이행을 요구하기 때문이다. 그런데 이 원칙은 부모에게만 적용되는 것이 아니라 자녀들에게도 동일하게 적용되어야 한다. 약속은 신뢰로 이어지고, 신뢰가 깨지면 서로에게 상처가 될 수 있다. 한 번 한 약속은 꼭 지키는 자녀로 키우자. 하나님은 약속의 하나님이시다. 말씀 가운데 언약과 약속을 성취해가시는 하나님을 닮아가자.

• 어떤 게 더 중요하고 가치 있는지 생각해봐

선물을 받았는데 내용물이 아닌 포장지에 가치를 두는 사람은 없다. 그러나 아이들은 본질이 아닌 상태나 현상을 보는 경우가 많다. 담겨 있는 음식은 보지 못하고 상대방이 갖고 있는 포크를 본다. 마실 수 있는 물이 중요한데 컵 색깔로 다툰다. 없는 것을 불평하지 않고 있는 것과 할 수 있는 것에 대한 감사를 가르치자. 자녀가 현상이 아닌 본질에 가치를 두도록 도와주자.

• 생명에 위급한 일이 아니면 소리 지르지 마
크게 소리치지 않고 유순한 언어로 말해도 다 알아듣고 소통할 수 있다. 이유 없이 화내고 소리치지 않도록 가르쳐야 한다. 아이들을 양치기 소년으로 만들지 말자. 정말 위급할 때만 큰 소리를 낼 수 있도록 가르치자.

• 울거나 떼쓰지 말고 정중하게 요청해
아이들이 울음으로 원하는 걸 쟁취할 때가 있다. 말로 표현할 수 없는 어린아이라면 울음을 파악해서 필요를 채워주어야 한다. 하지만 충분히 의사 표현이 가능한 나이임에도 울음과 떼로 본인의 요구를 관철시키려는 경우가 있다. 특히, 울음을 힘들어하는 부모라면 떼쓰는 아이의 요구를 들어주고 평안과 맞바꾼다.
아이는 이 방법이 통하면 자신의 요구를 관철시키기 위해 다음엔 더 큰 강경수로 대응할 것이다. 버릇없는 응석받이로 키우지 않기 위해서는 일관성을 지닌 부모의 태도가 필요하다. 울음과 떼가 무기가 될 수 없음을 알게 하고, 원하거나 필요한 것이 있을 때는 바른 태도로 정중하게 요청하도록 하자.

선택에는 책임, 권리에는 의무를 가르치자

"안 돼. 엄마는 너희들 키우는 것만으로도 충분해."

"어머니, 제발요. 소원이에요. 진짜예요. 약속 지킬게요. 이번 한 번만요. 제발요."

몇 날 며칠을 애원하다시피 졸라대는 아이들의 성원에 못 이겨 소원을 들어주기로 했다. 그리하여 우리 집엔 햄스터 두 마리가 입성했고, 청소와 관리는 주인인 둘째가 감당하기로 했다. 약속 위반 시 햄스터는 더 이상 우리 집에서 볼 수 없는 조건이었다.

사실 햄스터 전에도 장수풍뎅이는 7대, 식용 달팽이는 4대까지 대를 이어 아이들이 키워봤다. 하지만 쥐과는 정말 감당할 수 없어서 만류했으나 아이들의 선택과 책임을 믿어보기로 했다.

3년 동안 애지중지 키우면서 몇 마리는 죽어 슬픔을 겪기도 했고, 햄스터의 재롱에 좋은 자연 관찰 공부가 되기도 했다. 강한 번식력에 케이지가 3개까지 늘어났고, 동시에 아홉 마리를 키우는 동안 단 한 번도 청소해준 일이 없다.

둘째가 동생들과 함께 열심히 청소하고 관리한 덕분에 큰 문제없이 키울 수 있었지만, 점점 늘어나는 개체를 감당할 수 없어 결국엔 모두 분양하고 햄스터는 한 마리만 키워야 함을 배웠다. 선택에는 성공이든 실패든 결과가 따른다. 결과가 어떻든 과정을 통해서 올바른 선택에 대해 배울 기회가 주어진다.

중대한 결정이 아닌 이상 소소한 선택은 아이들에게 맡기는 편이다. 어리면 어린 대로 성장하면 성장에 맞춰 선택의 권한도 늘려주어야 한다. 자신이 선택한 일을 수행하며 성취감, 자신감, 책임감을 배울 수 있는 시간이 될 뿐 아니라 성공과 실패의 교훈을 알아가는 시간이기 때문이다.

큰아이가 초등과정을 끝내고 중학 진학을 놓고 고민하던 때가 있었다. 홈스쿨을 이어가는 것과 중학교 진학을 놓고 고민했는데 중등과정도 홈스쿨로 하고 싶다는 최종 결정을 내렸고, 아이를 적극 지지해주었다. 중등과정을 끝내고 나면 다시 한번 선택의 시간을 마주하게 될 것이다.

아이들이 배우고자 하는 것이나 물건을 살 때도 신중하게 고민하고 아이가 결정하게 한다. 배우는 동안 어려움이나 힘든 상황은 스스로 감당해야 하는 과정이고, 고른 물건을 사용할 당사자가 아이이기 때문이다.

아이가 기타를 배우기로 결정하고 힘들어도 포기하지 않고 열심히 연습하는 이유는 강압과 타의에 의한 선택이 아닌 자신이 선택한 일에 대한 성취감과 책임감 때문이었고, 엄마가 추천한 MP3를 마다하고 둘째가 직접 고른 MP3가 얼마 되지 않아 고장이 났지만 불평할 수 없었던 이유 또한 자신의 선택이었기 때문이다. 사소한 선택이나 행동, 결정에는 책임이 따르는 것을 가르쳐 주자.

부모는 다양한 경험과 기회를 제공할 수는 있지만 선택은 아이 스스로 하도록 도와주어야 한다. 뿐만 아니라 가정의 중요한 결정 앞에 자녀에게도 권한을 부여해보자. 가정의 대소사에 사 남매를 가정의 일원으로 인정하고 존중할 때 아이들도 적극적으로 가정의 일에 관심을 갖고 기도하는 것을 보았다. 그리고 자신의 중요한 결정 앞에서 부모의 조언을 구하고 존중하며 따르는 신중한 모습들을 보였다. 부모가 자녀를 패싱(psssing)하지 않고 인격적으로 대하면 아이들도 절대 부모를 패싱하는 일이 없다.

"어머니, 오늘만 수영복을 어머니가 빨아주시면 안 돼요?"

수영강습을 갔다온 막내의 부탁이다. 아주 가끔은 대신 빨아주기도 하지만 대부분 아이들 스스로 수영가방을 챙기고 정리하게 한다. 일곱 살 딸에게 무정하고 야속한 엄마라고 생각할지도 모르지만, 어릴 때부터 스스로 할 수 있는 일에 대한 책임과 의무를 가르쳐왔기에 아이들도 당연히 해야 하는 일로 받아들이고 있다.

막내도 얼마나 야무지게 수영복을 빨아 널어놓는지 모른다. 아이들에게 하고 싶은 일만 하도록 하면 의무를 모르고 권리만 아는 이기적인 아이로 자랄 수 있다. 누릴 수 있는 권리가 있는 만큼 의무도 따른다고 가르쳐 주자. 처음엔 모든 것이 어설플 수 있지만 시간을 갖고 기다려주면 아이들 스스로 해낼 수 있는 것이 참 많다.

어떤 영역에서든 "답은 정해져 있고 너는 대답만 하면 돼"식의 '답정너' 교육은 삼가자. 책임과 의무 없는 교육은 무책임하고 수동적인 자녀로 만들 뿐이다. 신앙훈련과 믿음에도 책임과 의무는 따른다. 하나님 자녀로서 누리는 은혜와 축복이 있다면 하나님 자녀이기에 마땅히 책임과 의무를 다해야 하는 훈련이 필요하다.

그리스도와 함께한 상속자로서 영광과 함께 고난도 받아야 함을 잊지 말아야 한다. 세상에서 빛과 소금으로의 책임과 의무를 다하도록 가르치자. 크고 대단한 빛과 소금이 아닌 주어진 삶 속에서 핑계와 변명, 책임 전가 없이 작은 실천을 통해 녹아지면 된다. 자녀들에게 작은 책임과 의무의 자리를 격려하고 응원할 때 아이의 독립성과 자발성을 키울 수 있다.

엄마표 신앙교육 선택에는 책임, 권리에는 의무가 따른다

• 가정의 중요한 결정을 자녀와 함께하자

자녀를 인격적으로 존중하고 가정의 중요한 결정에 동참시켜보자. 존중받는 아이들이 적극적인 자세로 가정의 일에 책임을 다한다. 뿐만 아니라 부모로부터 인정받는 아이들이 스스로 선택과 결정에 책임과 의무를 다하게 된다. 아이들을 믿고 맡겨보자. 잘못된 선택일지라도 가족이기에 다시금 기회를 줄 수 있음을 잊지 말자.

• 아이들에게 자율성과 선택의 기회를 허락하자

하나님은 우리에게 자율성과 선택권을 주셨다. 아이들이 스스로 선택하고 책임질 수 있는 일들이 많다. 아이들에게도 자율성과 선택의 기회를 주고 성취와 자발성, 책임감을 키우도록 하자. 부모는

방향만 제시할 뿐 선택은 아이의 몫이다.

• 스스로 할 수 있는 일을 감당하게 하자

아이가 어리다고 생각하면 아무 것도 할 수 없다. 아이들이 누리는
권리만큼 그에 따른 의무가 있음을 가르치자. 어릴 때부터 작은 일
부터 감당하도록 도와주자. 작은 일의 성취를 통해 더 나은 모습
으로 발전할 것이다.

〔자녀교육 3교시〕

지(知), 올바른 지식

여호와를 경외하는 것이 지혜의 근본이요 거룩하
신 자를 아는 것이 명철이니라 잠 9:10

지혜와 명철을 얻으라

'지'(知)는 올바른 지식의 소유와 목적과 방향을 하나님나라에 두는
것이다. 여호와를 경외하는 것이 지식의 근본임을 부모가 먼저 깨달
아야 한다. 부모의 확신 없이 자녀들에게 가르칠 수 없다. 참된 교육
은 부모가 삶을 보이고 아이들이 스스로 느끼고 깨닫고 배워서 알아
가는 것임을 잊지 말자.

바른 지식을 소유할 수 있도록 가르치자. 교육이라는 이름으로 온갖 매체를 통해 주어지는 구분 없는 지식들이 자녀들의 가치관과 세계관을 무너트릴 수 있음을 경계해야 한다. 늘 성경이 기준이 되는 삶을 통해 모든 학문과 지식을 반석 같은 믿음 위에 세울 수 있도록 도와주자.

홈스쿨링을 하면서 얻은 가장 큰 유익은 아이들과 대부분의 시간들을 함께 보내다 보니 각자의 관심사와 재능을 발견하고 살펴볼 기회가 많았다는 점이다. 물론 아이들이 자라면서 관심사와 꿈이 수시로 바뀌기도 하지만 염려할 필요가 없는 것은 다양한 경험의 성공과 실패를 통해 자신만의 색깔을 찾아가는 방법을 배우기 때문이다.

4차 산업혁명 시대엔 창의성과 소통능력, 융합과 협업능력, 문제해결능력 등이 요구된다. 배움은 학교나 교과과목을 통해서만 습득되는 게 아니다. 삶의 전반적인 과정과 환경 속에서 배울 수 있는 것이 많다. 하나님께서 맡겨주신 자녀들에게 어떤 은사와 재능을 주셨는지 살펴보도록 하자.

부모이기에 때로는 있는 모습 그대로 받아들이는 게 쉽지 않고, 자녀를 향한 기준과 기대치에 부응하지 못할 때 낙심하거나 실망하기도 한다. 하지만 아이들에게 허락하신 은사와 재능을 인정하고 격

려하며 돕는 역할을 부모가 감당하자. 우리 자녀들을 지으신 하나
님이 가장 정확하게 꿈과 비전을 주시고 창조의 목적대로 쓰임 받도
록 인도해주실 것이다.

개인 맞춤 교육으로 날개를 달아주자

내게 주신 은혜로 말미암아 너희 각 사람에게 말하노니 마땅히 생각할
그 이상의 생각을 품지 말고 오직 하나님께서 각 사람에게 나누어주신
믿음의 분량대로 지혜롭게 생각하라 **롬 12:3**

우리 가정엔 공식적인 홈스쿨 외에 '온유스쿨'이라는 작은 학교가
또 있다. 이 스쿨의 특이한 점은 '놀고먹는 창의융합 스쿨'이라는 점
이다. 원장(온유)과 원생(사랑, 시온)이 하나가 되어 예측할 수 없는
창의적인 놀이를 통해 자유로운 학습을 만들어낸다. 커리큘럼도 정
해진 시간도 없이 함께 뒹굴고 가르치며 배우는 365일 연중무휴 동
거동락 스쿨이다.

온유 원장의 교육철학에 따라 '일배일발' 시간이 있다. 1분 동안
배워서 1분 동안 발표를 하는데 과목도 참 다양해서 댄스, 놀이, 청
소, 책 읽기, 몸동작, 소리, 한글, 암송, 언어, 음악, 미술 등 모든 영
역을 초월한 발표회가 하루에도 수차례씩 열리곤 한다. 지금까지 단
한 번도 실패한 수업이 없을 만큼 내외부 원생들의 만족도가 높은 이

유는 바로 일대일 눈높이 맞춤 교육을 하기 때문이다.

가끔은 나도 이 스쿨의 원생이 되고 싶을 정도로 유쾌하고 즐겁다. 이 작은 학교를 통해 배우는 것이 참 많다. 늘 새로운 배움에 재미를 더하니 온유스쿨을 기대하는 원생들의 호기심을 충족하고, 일배일발(지금은 시간이 많이 늘어서 '오배오발', '삼십배삼십발'도 가능해졌다)을 통해 성취감을 맛보니 배움을 즐거워한다.

무엇보다 가르치려 하지 않고 본인이 주체가 되어서 함께하는 수업이다 보니 원생들의 지지와 참여도가 최상일 수밖에 없다. 가르치는 자와 배우는 자가 함께 즐겁고 행복한 최고의 스쿨이다.

온유스쿨의 원장인 둘째 아이는 글쓰기를 좋아한다. 현재까지는 작가가 꿈이다. 지금까지 써놓은 글의 1호 팬은 단연 우리 부부다. 그림을 그리듯 써가는 아이의 글을 읽다 보면 다음 편이 궁금해서 빨리 써달라고 재촉하기도 한다. 아이가 가진 모든 장점을 글 안에 녹여내는 모습이 참 좋다.

둘째 아이는 필수과목(성경 읽기, 묵상, 암송, 예배)을 제외하면 대부분 책 읽기와 글쓰기로 하루를 보낸다. 물론 필요한 학습을 안 할 수 없는데 수학을 너무 싫어하던 아이는 6학년이 되어서야 구구단을 떼었다. 누가 들으면 경악을 금치 못할 것이다. 6학년이면 고등 수학을 선행하는 시대의 흐름을 역행하는 교육에 의아해하겠지만, 싫어하는 과목을 고삐 꿰어 끌어가고 싶지 않았다.

검정고시를 앞두고 본인이 수학의 필요를 느끼자 불과 십 여분 만에 자신만의 방법으로 구구단을 암기하고, 수학의 개념과 원리를 몇 번 학습한 후 시험을 본 게 전부였다. 스스로 수포자라 불렀던 아이의 점수는 의외로 높았고, 나름의 방식으로 문제를 풀고 접근하는 걸 보면서 아이를 있는 그대로 믿어주고 인정하게 되었다.

아이가 수학에 관심이 없다고 해서 학습능력이 떨어진다고 생각하지 않는다. 자신이 좋아하고 잘하는 일에 있어서는 놀라울 만큼 몰입과 역량을 보이는 아이이기에, 하나님께서 허락하신 그 아이만의 잠재능력을 믿고 지지할 뿐이다. 못하는 것보다 잘하는 것이 훨씬 많은 아이의 장점을 발견하고 응원해주는 일 또한 부모가 해야 할 일이다.

함께 책을 읽든 놀든, 공부하든 궁금한 게 있으면 꼭 해결하고 넘어가야 하는 아이, 한 가지 집중하면 그만하라는 소리가 들리지 않는 아이, 좋아하고 잘하는 것은 습득과 몰입이 뛰어나지만 못하고 싫은 것은 종일 잡고 있어도 성과가 없는 이런 유형의 아이가 적자생존의 법칙이 통하는 학교에 섞여 있다면 과연 살아남을 수 있었을까?

아마 아이 때문에 나는 하루가 멀다 하고 학교에 불려 다니지 않았을까 상상해본다. 그런 의미에서 개인 맞춤 교육을 할 수 있는 홈스쿨이 이 아이에겐 정답이다.

아이들은 본인이 원하는 학문에 대한 연구와 탐구에는 탁월한 역량을 보인다. 작곡과 영상 만드는 것이 취미인 아이들이 필요한 소프트웨어를 스스로 연구하고 순식간에 습득하고 활용하는 것을 보면서 억지로 시키는 공부가 아닌 자기주도 학습을 통한 배움이 속도와 능률면에서 우월할 뿐 아니라 진정한 교육은 학습자가 스스로 연구하고 탐구하며 배우는 것임을 다시금 실감했다.

또, 아이들이 뭔가 목적한 바가 있고 방향이 있으면 초월적인 능력을 발휘해 자신에게 맡겨진 것들을 수행해내는 것을 본다. 금방 끝낼 수 있는 일도 시간을 낭비하며 차일피일 미루는 경우가 종종 있는데, 그러다가도 자신에게 유익한 일이 코앞에 있으면 초인적인 힘을 발휘해 단시간에 끝내버린다. 이런 걸 볼 때, 아이들이 능력이 없어서 못하는 게 아님을 알게 되었다.

평소에도 이런 초능력을 발휘해주면 좋으련만, 기대하는 마음은 일찌감치 내려놓았다. 좋아하고 잘하는 일들에 성과를 보여주는 것과 꼭 해야 하는 일에 따라와주는 것만으로도 감사할 일이다.

부모는 지식의 빈틈을 채워주는 역할을 감당해야 한다. 아이가 가장 관심 있는 일을 파악하고 지적인 훈련을 하도록 도와주며, 필요한 자원을 공급해줌으로써 하나님이 자녀에게 주신 달란트를 잘 계발할 수 있도록 지지하며 지원해야 한다. 개인 맞춤 교육은 성경에서도 볼 수 있다.

모세는 여호수아를, 나오미는 룻을, 엘리야는 엘리사를, 엘리사벳은 마리아를, 예수님은 제자들을, 바나바는 바울을, 바울은 디모데를 개인 교수법으로 지도했다. 모든 영역에서 함께하며 잠재력을 극대화시키고 제자 삼는 맞춤 교육을 가정에서 해야 한다.

아이마다 속도도 역량도 다 다르다. 아이의 시간과 능력에 맞춰 가르쳐야 함에도 불구하고 현재의 교육은 정해진 틀에 넣어 붕어빵 굽듯이 찍어내니 아이들이 능력을 발휘하지 못한 채 똑같은 길을 걸으며 자신의 꿈을 발견하지 못하고 살아간다.

남들과 똑같은 모습을 만들기 위해 못하는 것에 에너지를 쏟지 않길 바란다. 자녀에게 주신 달란트를 발견하고 계발해서 내게 맡겨주신 원석이 보석이 될 수 있도록 세공하자. 물론 깎이는 아픔과 고통이 동반되겠지만 인내와 사랑으로 희생하는 게 부모의 자리다.

부모의 욕심을 채우기 위해 보석의 종류를 운운할지도 모르겠다. 내 자녀가 어떤 보석이냐는 중요하지 않다. 그 보석의 가치를 발견하고 얼마만큼 빛날 수 있도록 하느냐에 달렸다. 학업도 신앙도 삶의 모습도 각자에게 주신 믿음의 분량대로 지혜롭게 감당하며 살아갈 수 있기를 소망하며 자녀의 은사를 발견하고 계발해 하나님의 때에 필요한 일꾼으로 준비시키는 일까지가 부모의 역할이다.

엄마표 신앙교육 개인 맞춤 교육을 통해 원석을 보석으로

• 자녀에게 주신 달란트를 발견하자

특별히 빛나게 하시는 달란트가 있다. 아이가 좋아하고 잘하는 영역을 찾아 연구하고 탐구하며 역량을 발휘하도록 관심을 갖고 지지하자.

• 자녀의 시간표를 인정하고 받아들이자

자녀마다 학습능력과 역량의 차이가 있다. 다른 아이나 형제와 비

교하지 말자. 아이만의 탁월함을 발견하고 더디 가면 더디 가는 대로 빨리 가면 빨리 가는 대로 그 길에 동행해주자. 부모의 시간표에 아이를 밀어 넣지 않도록 하자.

• 자녀가 좋아하고 잘하는 것을 응원하고 지지하자

아이가 필요로 하는 자원을 공급해주어야 한다. 역량을 계발할 수 있는 곳에 지원을 아끼지 말자. 투자한 만큼 본전을 뽑겠다는 생각을 버리자. 글쓰기를 좋아하는 둘째 아이에게 최근에 타자기를 사주었다. 컴퓨터를 마다하고 굳이 타자기를 원하는 아이를 위해 전국을 수소문해 중고 타자기를 사준 아버지. 작가가 되지 못하더라도 아이는 자기 꿈을 지지하고 응원해준 아버지와 타자기를 잊지 못할 것이다.

삶의 모든 과정으로 하나님께 영광을

여호와여 주께서 나를 살펴 보셨으므로 나를 아시나이다 주께서 내가 앉고 일어섬을 아시고 멀리서도 나의 생각을 밝히 아시오며 나의 모든 길과 내가 눕는 것을 살펴보셨으므로 나의 모든 행위를 익히 아시오니 여호와여 내 혀의 말을 알지 못하시는 것이 하나도 없으시니이다 시 139:1-4

오래 전 EBS 다큐 프로그램에서 한국 엄마들과 외국 엄마들의 교육성향과 가치관을 실험하는 방송을 시청했다. 제작진은 자녀의 인지능력과 언어능력을 위한 검사라고 했지만 실은 엄마들을 관찰하는 실험 카메라였다. 자녀들에게 헷갈리는 낱말 카드로 문장을 만들도록 유도했다. 대부분의 아이들이 어려워했고, 곁에서 지켜보는 엄마들도 진지했다.

제작진이 잠시 자리를 비운 사이 한국 쪽에선 아이가 못하겠다고 포기하며 도움을 요청했고, 대부분의 엄마는 아이를 나무라며 본인이 직접 낱말을 맞추기 시작했다. 하지만 외국 쪽은 달랐다. 도움을 요청하는 아이도 도움을 주는 엄마도 없었고, 제작진의 부재와 상관없이 끝까지 아이를 응원하며 기다려주는 모습이었다. 제작진이 돌아왔을 때 한국 엄마들은 아이가 다 맞춘 양 인지능력의 탁월함을 내비치며 자랑하는 반면, 외국 엄마들은 잘하든 못하든 결과에 상관없이 아이들을 격려해주었다.

결과 중심적인 우리나라의 교육 패턴이 여과 없이 나타났다. 실험에서 알 수 있듯 결과 중심적인 사람은 과정을 중요하게 생각하지 않는다. 그저 어떤 선택이든 결과만 충족되면 수단과 방법을 가리지 않고 목적과 목표를 향해 무조건 달려간다.

사람의 행위가 자기 보기에는 모두 깨끗하여도 여호와는 심령을 감찰하시느니라 잠 16:2

요즘 고3 아이들을 교회에서 만나는 게 쉽지 않다. 주어진 자리에서 열심히 살아내느라 힘든 시간을 보내고 있는 건 사실이지만 결과 지향적 신앙이 진리의 길을 가로막는다. 합격만 하면, 대학만 가면, 'if'의 가정법을 신앙에도 적용하는 게 문제다. 그렇게라도 해서 돌아오면 감사하지만 그렇지 않은 경우가 더 많은 게 안타깝다.

　과정이 무너져도 결과가 좋을 수 있지만 하나님께서 기뻐하시는 것은 과정의 성실함이다. 과정의 연속으로 인한 결과라면 금상첨화지만, 결과만으로 하나님께 영광을 돌리는 것은 바람직하지 않다. 목적한 바를 이룬 후에 누리는 기쁨도 크지만 과정에서 누리는 즐거움과 행복은 결과와 상관없이 마음에 평안을 주고 만족을 준다.

　하나님께서는 우리의 삶을 주목하고 계시고, 앉고 일어섬과 생각을 밝히 아실 뿐 아니라 모든 길과 모든 행위를 아시고, 우리 혀의 말을 알지 못하시는 것이 하나도 없으신 분이다. 무슨 일이든 과정에서 신앙고백하는 삶을 기뻐하신다. 영적인 훈련을 위해 부모는 아이와 함께 치열한 싸움으로 과정을 살아내야 한다. 이것이 함께하는 신앙교육이다.

　"공부해서 남 주자."

　참 좋은 말이다. 준비되어서 누군가를 도와주는 것은 귀중한 결심이다. 그러나 이 말은 결국 공부라는 목적을 이루고 난 후에 타인을 도와준다는 전제를 둔 것 같다. 한 사람이 성공하기 위해서 천 명이 패배의 쓴맛을 봐야 하는데 "공부해서 남 주자"라는 가르침도 좋지만 "공부할 때 남 주자"라고 하면 어떨까?

현재 내가 누군가의 도움이 되는 존재로 연습되고 자발적인 훈련 가운데 공부의 과정을 걸을 수 있었으면 좋겠다. 자녀의 모든 삶에 상이나 결과가 목적이 아닌 모든 과정이 하나님께 영광이 되고, 중심을 보시는 하나님 앞에서 진실 되고 성실하게 겸손한 삶을 살도록 가르치자.

엄마표 신앙교육 모든 삶이 하나님의 영광이 되게 하자

• 결과 지향적 영광에서 자유하자
결과가 좋지 못해도 하나님은 책망하지 않으신다. 과도한 목표나 기대는 과정에서의 기쁨을 빼앗게 된다. 결과는 주님께 맡기고 과정에서 성실함으로 최선을 다하도록 가르치자. 결과에 대해 자유해야 할 대상은 아이가 아니라 부모다.

• 과정의 성실함을 돕는 도구는 부모의 응원과 칭찬이다
칭찬의 공수표를 남발하지 않는 것이 좋다. 아이들은 영혼 없는 칭찬을 좋아하지 않는다. 억지로 쥐어짜듯 미사여구를 써가며 포장하려 하면 피곤해진다. 있는 그대로 과정 속에서 노력하고 있는 부분을 인정하고 말해주면 된다. 과정의 성실함을 칭찬하고 격려해주자.

질문으로 비전 발견하기

"이건 이름이 뭐야? 어디로 가는 거야? 누가 타고 있어? 어떻게 움직여?"

아이들이 어릴 때부터 무언가 그려오거나 만들어 오면 꼭 물었다. 종잇조각부터 작은 레고 블록 하나까지 놓치지 않고 함께 관찰하며 아이의 생각을 읽으려고 남편과 부단히 노력했던 것 같다. 지금은 물어보기도 전에 브리핑이 시작되고, 아이들도 서슴없이 질문하며 우리의 피드백을 기대하지만 여전히 질문을 아끼지 않는다.

"모르는 것을 물어보는 것은 부끄러운 것이 아니지만, 모르면서 아는 척하는 건 정말 부끄러운 거야. 모르면 무조건 질문하는 사람이 지혜로운 사람이야."

남편이 아이들에게 입버릇처럼 들려주던 말이다. 어디서 무엇을 배우든 선생님께 꼭 질문 두 가지 이상 하고 오도록 격려했고, 수업하고 돌아오면 꼭 아이들에게 물었다.

"오늘 수업은 어땠어? 선생님께 어떤 질문을 했니? 어떤 게 가장 흥미로웠어?"

아버지의 질문 앞에 끝을 모르고 이어지는 대화의 모습은 이제 우리 가정의 문화가 되었다.

한 선생님의 재능기부로 첫째 아이가 사고력 학원에서 몇 년간 수업에 참여했다. 아이를 늘 격려해주시고 칭찬해주셨는데, 가장 높게 평가해주시는 부분은 아이의 수업 태도였다. 모르는 것이 있으면 부끄러워하지 않고 또래 아이들에게 서슴치 않고 물어 배우고, 궁금한

게 있으면 꼭 질문한다는 것이었다. 또 정형화된 생각이 아닌 예측할 수 없는 창의적인 답변으로 인해 수업이 즐겁다고 하셨다.

아이들이 처음부터 질문하고 생각이 확장되었던 건 아니다. 여느 아이들처럼 질문하면 "몰라요. 생각이 안 나요. 그냥요. 좋았어요" 등의 단답형으로 끝났다. 그때마다 답을 유도할 수 있었던 건 대답할 수 있는 질문을 던지는 거였다.

"예", "아니오"로 끝나는 강압적 질문이 아닌 서로 소통할 수 있는 질문을 던지는 지혜가 필요하다. 좋은 질문을 하려면 경청이 먼저다. 아이들은 자신의 이야기를 마음 다해 듣고 있는지 건성으로 넘기는지 기가 막히게 알아차린다.

귀로 듣고 눈으로 듣고 가슴으로 들어야 아이들의 정확한 소리를 들을 수 있다. 손수 만들어오는 장난감이나 그림 하나에도 아이들의 철학이 담겨있다. 단순한 칭찬으로 대화를 단절할 것인지 맥락적 경청과 질문으로 소통할 것인지는 부모의 노력에 달려있다.

사 남매 모두 질문이 많은 편이지만, 특히 둘째 아이는 호기심도 궁금증도 참 많다. 남들이 생각하지 않는 것들을 뒤집어서 생각할 때도 있다. 가끔은 깊이 있는 통찰력에 놀라기도 하지만, 이면에 지나친 생각의 전환이 올무가 되어 걸려 넘어질까 노파심이 생길 때도 있다. 그래서 굳이 진리를 왜곡하거나 벗어나는 질문을 던져 답을 찾으려고 애쓰지 말라는 조언을 자주 한다.

"신은 죽었다"라고 선언한 니체는 목사 집안에서 자랐고 성경에 조예도 깊었지만 결국 기독교를 가장 호되게 비판하는 무신론자가 되었다. 질문을 통해 생각의 힘을 키우는 것도 중요하지만 강력한 지성과 이성이 때로는 올무가 될 수 있음을 경계해야 한다. 아이들이 건강한 의문을 품고 질문하며 올바른 지성을 쌓아갈 수 있도록 도와주자.

도로시 리즈는 《질문의 7가지 힘》에서 원활한 대화와 창조적 사고를 가능하게 하는 비결을 제시했다. 질문을 하면 답이 나오고 생각을 자극할 뿐 아니라 필요한 정보를 얻는다. 뿐만 아니라 질문을 하면 통제가 되고 마음을 열게 하며 귀를 기울이게 하고, 질문에 답하면 스스로 설득이 된다고 말한다.

부모는 질문의 강점을 자녀들에게 잘 활용할 수 있어야 한다. 하지만 때로는 부모가 질문보다 정해진 답을 알려줄 때가 더 많다. 질문의 의도는 생각하는 힘을 키우기 위함이며 부모간의 소통으로 이어진다. 소통의 전제는 자녀를 뜨겁게 사랑하는 데 있다. 사랑해야 주도면밀하게 관찰할 힘이 생기고 질문하며 격려하고 지지할 수 있기 때문이다.

지시나 명령이 아닌 질문하는 과정을 통해 아이 스스로 결정하고 독립적으로 성장할 수 있도록 돕는 것이 부모가 할 일이다. '나는 누구인가'를 시작으로 '하나님이 이 땅에 보내신 목적은 무엇일까', '나의 사명은 무엇이며, 사명에 순종하기 위해 무슨 일을 하고, 어떤 사람으로 살아갈 것인가' 등 끝임 없는 질문을 통해 나를 알고 하나님의 뜻을 발견해나가야 한다.

"조이야, 너는 어떤 사람이 되고 싶니?"

"아직 확실히 정한 건 아닌데요. 의사도 괜찮을 것 같다는 생각을 해요."

"의사, 멋지다! 의사가 되어서 무슨 일을 하고 싶은데?"

"아픈 사람들을 치료해주고 가족들도 진료하고 돈도 벌고, 할 거 많지요."

"네가 얘기하는 건 직업인데 엄마가 물어보는 건 직업을 통해 어떤 사람으로 살아갈 것인지 물어보는 거야. 직업과 비전은 달라. 엄마는 네 비전을 물어보는 거야."

아이가 무슨 직업을 갖고 살아가는지는 그리 중요하지 않다. 나는 아이에게 허락하신 삶 속에서 어떤 사명을 감당하며 살아갈 것인가를 훨씬 중요하게 여긴다. 아이들이 어떤 직업을 갖게 될지 예측할 수도 없다. 보이지 않는 미래이지만 아이들을 향한 하나님의 계획을 기대하며 기도할 뿐이다. 부모는 각자 비전을 이룰 수 있도록 그 과정에 성실함을 돕는 역할만 할 수 있다.

나는 아이들에게 "대학은 선택이지 필수는 아니다"라는 말을 곧잘 하는데, 자신의 비전을 이루기 위해 전문적인 공부가 필요한 경우라면 열심히 공부해서 대학에 가는 게 맞다고 생각한다. 하지만 대학 공부가 필요 없는 직업을 선택하게 된다면 굳이 물질과 에너지를 소비할 필요는 없다. 대학을 가든 안 가든 어떤 직업을 갖는 것을 넘어 어떤 사람으로 살아갈 것인가에 대한 끊임없는 질문으로 비전을 품게 해야 한다. 목적을 위한 수단으로 갖는 직업이 아니라 그 직업을 통해 어떤 삶을 살아갈 것인지 고민하게 하자. 직업을 통해 개인적인 야망을 이루는 것이 아니라 하나님의 소명에 순종할 수 있는 자녀가 되게 하는 것이다.

아이들의 꿈이 이기적인 부모에 의해 조정되기도 한다. 부모의 꿈을 이루기 위한 도구로 사용하는 경우다. 아이의 꿈은 하나님에 의해, 하나님을 위해 이루어져야 한다. 비전의 사람은 먼저 보는 사람이다. 부모는 무심코 하는 아이의 행동에서 장점을 발견하는 비전의 사람이 되어야 한다. 먼저 보고 장점을 발전시킬 수 있도록 섬기는 것이 부모의 역할이다.

이 땅에서 그리스도인으로 살아가면서 직면해야 할 많은 어려움 앞에 문제 해결 능력을 키우고, 더 나아가 타인을 이해하는 능력을 소유해 소외되고 어려움에 처한 사람들을 돕고 이웃사랑을 실천하는 사람으로 키우자.

교육자인 엘리자베스 토먼은 "좋은 교육을 받으면 비판적으로 생각하고 판단할 수 있는 능력이 생길 뿐 아니라 다른 사람들의 의견에 질문을 던지면서 자기의 의견을 올바르게 표현할 수 있게 된다"라고 말했다.

말씀교육을 통해 비판적으로 생각하고 판단할 수 있는 능력이 다름 아닌 진리의 말씀을 옳게 분별하는 일에 사용되고, 성경적 세계관으로 세상을 바라보며 내게 주신 비전을 통해 부끄러울 것이 없는 일꾼으로 인정된 자로 하나님 앞에 드리기를 힘쓰는 자녀들이 되기를 기도하며 가르치자.

엄마표 신앙교육 질문의 힘으로 주님의 뜻을 발견하자

• 질문하기 전에 들어주자
앞뒤 안 맞는 허무맹랑한 이야기에도 적극적으로 공감하며 눈높이
에서 온몸으로 들어주는 반응이 필요하다. 부모의 경청이 자녀의
마음과 입을 무장해제 시킨다. 질문하기 전에 온몸으로 들어주자.

• 의문을 당연하게 여기도록 가르쳐주자
의문과 질문을 가로막는 부모의 말, "그것도 몰라?"이다. 부모로
부터 상처 입은 자존심은 입을 닫게 만들고 의문을 두렵게 만든다.
모르는 게 부끄러운 것이 아니라 모르면서 아는 척하는 것이 부끄
러운 것임을 가르쳐주자(딤후 2:7).

• 질문을 통해 대안을 생각하며 하나님께서 지혜주시길 기도하자
문제해결 능력은 시대가 요구하는 인재의 역량이다. 막혀있는 모
든 길에 주저앉지 않고 담을 뛰어넘거나 뚫고 나갈 힘을 갖도록,
질문을 통해 대안을 생각해보자. 하늘의 지혜를 구할 때 모든 것
을 가르쳐주시고 생각나게 하실 것임을 믿고 기도하자(잠 2:20).

• 질문을 통해 비전을 발견해 나가도록 돕자
아이들이 어릴 땐 부모의 질문을 통해 생각하게 되지만, 생각의 힘
이 커지면 스스로 질문을 던지고 답을 찾는 능력을 소유하게 될 것

이다. 질문을 통해 잘 먹고 잘사는 법을 찾는 것이 아니라 이 땅에서 하나님의 소명을 따라 비전을 품고 어떤 사람으로 살 것인가를 끊임없이 질문하고 답을 찾도록 부모의 도움이 필요하다. 비전을 발견할 때 내가 좋아하는 일을 선택하는 것은 능률적이고 성공적일 수 있으나, 그 이전에 하나님을 영화롭게 하고 하나님을 즐거워하는 비전을 먼저 찾도록 질문하고 질문하자(골 3:2).

이 세대를 본받지 말고 분별하도록 하자

너희는 이 세대를 본받지 말고 오직 마음을 새롭게 함으로 변화를 받아 하나님의 선하시고 기뻐하시고 온전하신 뜻이 무엇인지 분별하도록 하라 **롬** 12:2

셋째, 넷째와 함께 친구 집에 놀러 갔다가 탐탁지 않은 사건을 마주했다. 아이들이 삼삼오오 모여 만화를 시청하고 있었는데 언뜻 보아도 어둡고 무섭고 공포스러운 귀신 이야기여서 친구의 어머니에게 다른 채널로 돌려주시길 정중히 부탁드렸다.

믿는 가정이어서 어느 정도의 분별은 하실 거라는 기대감에 드린 요청이었는데, 그 집 아이가 계속 보겠다고 고집을 부리니 어쩔 수 없다는 듯이 말씀하셨다.

"이 만화가 요즘 유행하는 〈00아파트〉라는 만화거든요. 애가 너무 좋아해서요."

"아무리 좋아해도 이렇게 어린아이들이 볼 만한 내용은 아닌 것 같은데요."

"알고 보면 귀신마다 다 사연이 있어요. 얼마나 재밌는데요."

마음에 불편함이 가득했지만 이 문제로 더는 대화를 이어가지 않았다. 즐거움과 재미 앞에서는 그 어떤 것도 아무 문제가 없어 보였다. 그 만화는 이미 대한민국의 아이들을 사로잡았다. 카드, 스티커, 색칠공부뿐 아니라 모든 학용품에도 도배되어 있고, 여러 통로로 이미 아이들에게 친근한 캐릭터가 된 지 오래다. 세상의 문화는 유행 혹은 대중적이라는 공통분모 앞에 분별력을 상실하게 만든다.

아이들이 어릴 때 TV나 영화를 보고 나면 "재미있었니?"로 끝나던 시절이 있었다. 아무 분별없이 재미로 끝난 후엔 어김없이 부작용이 따라왔다. 미디어 속의 좋지 않은 영향을 그대로 받아 언어나 행동에 고스란히 묻어났다. 누가 가르쳐주지 않아도 선하지 않은 것들은 금세 본색을 드러내기 마련이다.

아이의 심각한 부작용 때문에 고충을 털어놓은 엄마가 있다. 아이가 좋아해서 〈00아파트〉를 밤낮 보게 했더니 어느 날부터 엄마가 귀신 아니고 진짜 우리 엄마냐고 계속 묻더란다. 이유인 즉 만화 내용 중에 엄마에게 입신한 귀신 이야기가 여러 번 나온다고 한다. 여지없이 그 만화가 아이에게도 투영된 것이다.

아이들에게 한 번 각인된 영상은 쉽게 지워지지 않는다. 어린아이들에게 영상매체는 엄청난 힘과 기억력을 갖게 한다. 우리 집에도 그런 일화가 있다.

첫째 아이가 네다섯 살 무렵 남편의 친구로부터 미국 성경만화 DVD를 선물로 받게 되었고, 성경이라는 이유로 12개짜리 DVD를 계속 보여주었다. 영어판이었지만 나름대로 성경을 잘 이해하고 좋아하는 것 같아 뿌듯하기까지 했다. 성경을 읽든 DVD를 보든 늘 그림으로 표현하기 좋아하던 아이였기에 매일 여러 장의 성경 이야기를 그려오곤 했다.

어느 날, 아이의 그림에서 특이한 점을 발견했는데 그림마다 위쪽 모퉁이에 해가 그려져 있었다. 일반적인 해였다면 그러려니 했을 텐데 이글거리는 해 안에 눈 하나만 그려져 있는 징그러운 심볼이라 의구심을 품고 물었더니 그 해가 다름 아닌 하나님이라는 말에 적잖은 충격을 받았다.

"하나님은 형상이 없으시잖아. 그런데 저 이상한 해가 왜 하나님이야?"

"엄마가 보여주시는 성경에 보면 하나님이 다 저렇게 생겼어요."

아이의 말이 끝나기가 무섭게 DVD를 돌려봤다. 맙소사! 하나님이 말씀하실 때마다 어김없이 해가 등장했고 그 안에 눈 하나가 깜박이며 음성이 들려오고 있었다. 도대체 어떤 사람이 무슨 생각으로 이렇게 만들었을까? 다른 사람을 탓하기 전에 아이를 TV에 맡겨둔 채 영상을 보게 했던 나를 자책할 수밖에 없었다. 아이에게 각인된 하나님의 형상을 지워내기까지 많은 공을 들여야 했다.

어린아이들은 가상과 실제를 명확하게 구분하지 못하기 때문에 보이는 모든 것들이 사실이 된다. 스펀지처럼 흡수한 것들이 고정관념이 되고 정체성이 되는 것은 그리 어려운 일이 아니다. 영상 전환이 너무 빨라 이해하기도 어려울 거라 생각되는 것조차 고스란히 담아낸다.

백해무익한 바보상자를 들여다보자. 드라마는 삶의 이야기를 넘어 불륜과 패륜, 더 나가 폭력과 가정 파탄으로 이어진 막장으로 가득하고, 재미로 보아야 할 오락 프로그램들도 온갖 음담패설로 도배되어 있으며, 아이들이 흔히 접하는 교육방송이나 만화도 불건전하고 비성경적인 것들이 너무 많다.

점점 늘어나는 채널로 눈과 귀를 미혹하는 악성 프로그램들이 널려있음에도 부모들은 어떤 제한도 두지 않고 여과 없이 그 자리에 자녀들과 함께 앉는다. 자녀들에게 바보상자를 선물하고, 그로 인해 분별력과 자제력을 상실하게 만드는 사람이 다름 아닌 부모다.

> 범사에 헤아려 좋은 것을 취하고 악은 어떤 모양이라도 버리라
> 살전 5:21,22

분별력은 미디어나 영상매체에만 국한되지 않는다. 아이들은 원하는 것이 많지만 정작 자신에게 필요하고 중요한 것이 무엇인지는 모른다. 범사에 헤아려 좋은 것을 취하고 악은 어떤 모양이라도 버리도록 가르치자. 모든 삶 속에서 진리가 아니면 거절하는 능력, 그것이 분별력이다. 자녀들에게 자성능력이 생기기 전까지는 부모의 분

별력이 필요하다.

기준은 무조건 하나님의 말씀이다. 말씀은 바른 관점을 갖게 하고 상황을 옳게 분별하도록 이끈다. 우리가 좌로나 우로나 치우치지 말게 해달라는 기도를 함에도 기도나 삶이 좌우로 치우치는 이유는 명확한 기준이 없기 때문이다. 때로는 맘 카페가 기준이 되거나 학부모 모임이 기준이 되기도 한다.

성경적 기준이 아닌 세상의 기준이 되는 순간, 우리 자녀의 영혼은 세상에 선점된다. 우는 사자같이 삼키려고 혈안이 되어 있는 세상의 공격과 자녀들을 파멸하려는 마귀의 간계 앞에 경계하고 분별력을 지니도록 깨어 기도하자.

> 너는 이것을 알라 말세에 고통하는 때가 이르러 사람들이 자기를 사랑하며 돈을 사랑하며 자랑하며 교만하며 비방하며 부모를 거역하며 감사하지 아니하며 거룩하지 아니하며 무정하며 원통함을 풀지 아니하며 모함하며 절제하지 못하며 사나우며 선한 것을 좋아하지 아니하며 배신하며 조급하며 자만하며 쾌락을 사랑하기를 하나님 사랑하는 것보다 더하며 경건의 모양은 있으나 경건의 능력은 부인하니 이같은 자들에게서 네가 돌아서라 딤후 3:1-5

말세에 나타날 죄악들이 이미 우리가 보고 듣고 마음으로 생각하는 모든 것들에 다 녹아져 있다. 이 땅의 극악무도한 죄악을 보면 모든 죄가 하나로 귀결된다. 인본주의와 철저하게 자기중심적인 생각에서 저지르는 죄악들이다. 내 몸이 원해서, 그냥 내가 하고 싶어서, 나만 잘 먹고 잘살면 되니까, 내가 온 우주의 중심이 될 때 죄의 길로 들어설 수밖에 없다.

내가 원하는 일을 하기 전에 늘 습관처럼 암송한 말씀이 떠오른다면, 그 말씀이 하나님의 선하시고 기뻐하시고 온전하신 뜻을 분별할 수 있는 자리로 인도한다면, 좌로나 우로나 치우치지 않고 진리의 길을 곧게 걷게 될 것이다.

자녀들에게 말씀의 세계관 안경을 씌워 진리를 깨달아 마음이 부패하지 않고 믿음에 실패하지 않도록 하자. 세상과 등지고 단절한 채 살 수는 없다. 오히려 뱀같이 지혜롭고 비둘기 같은 순결함으로 세상 속으로 들어가야 한다.

그 안에서 진리와 죄를 분별할 줄 알고 그리스도의 날까지 순결하고 흠이 없이 지내며, 예수 그리스도께서 주시는 의의 열매로 가득 차서 하나님께 영광과 찬양을 드리는 삶을 살도록 도와주자.

이 세상이나 세상에 있는 것들을 사랑하지 말라 누구든지 세상을 사랑하면 아버지의 사랑이 그 안에 있지 아니하니 이는 세상에 있는 모든 것이 육신의 정욕과 안목의 정욕과 이생의 자랑이니 다 아버지께로부터 온 것이 아니요 세상으로부터 온 것이라 이 세상도, 그 정욕도 지나가되 오직 하나님의 뜻을 행하는 자는 영원히 거하느니라 요일 2:15-17

• 모든 분별은 성경이 기준이 되게 하자

하나님의 선하시고 기뻐하시고 온전하신 뜻이 무엇인지 분별할 때 지혜가 선한 자의 길로 행하게 하며 또 의인의 길을 지키게 하신다고 약속하신다(잠 2:20). 우리의 기준은 다름 아닌 하나님의 말씀이다(잠 4:27).

• 거룩한 것과 속된 것을 구별하고 분별하자

구별하고 분별해야 할 것들은 구분하고, 버려야 할 것들은 과감히 제거하고 거부하자. 부모와 자녀가 함께 범사에 헤아려 좋은 것을 취하고 악은 어떤 모양도 버리라는 명령에 순종하고 결단해야 한다(예 공부, 미디어, 책, 장난감, 영화, 시청하는 프로그램, 스마트폰 등. 겔 44:23; 살전 5:21,22).

• 로마서 12장 2절 말씀을 선포하게 하자

부모에게는 자녀를 제어할 능력이 없다. 마음에 새긴 한 절의 말씀과 성령의 역사가 우리 자녀를 죄의 길에서 돌이키게 하는 능력이 있음을 잊지 말자. 자녀가 취하는 모든 것에서 이 세대를 본받지 않도록 가르치자. 하나님의 선하시고 기뻐하시고 온전하신 뜻을 분별하도록 말씀을 심자(롬 12:2).

• TV 앞에 자녀들만 두지 말자

특히 어린 자녀라면 미디어 앞에 홀로 두어서는 안 된다. 아이가 보고 있는 것들이 아이의 미래가 될 수 있음을 잊어서는 안 된다. 아이의 시선이 폭력과 폭언, 음란에 노출되어 있지 않은지 점검하고 스스로 분별력이 생기기 전까지 그 자리에 함께하자(갈 6:6).

• 자녀들과 함께 분별하는 훈련을 하자

보도 듣고 읽고 경험하는 모든 것들 가운데 분별하는 훈련을 하자. 성경적 VS 비성경적, 하나님이 기뻐하시는 것 VS 슬퍼하시는 것, 따라 하면 안 되는 것 VS 배워야 할 것, 가치 있는 것 VS 가치 없는 것 등 일기나 감상문을 이용해 깨닫고 느낀 점을 생각해보도록 하자. 이런 훈련이 쌓일 때 성경적인 자성능력을 통해 심는 대로 거두는 은혜를 경험하게 될 것이다(말 3:18, 빌 1:10,11).

• 느끼고 배운 것들을 놓고 기도하며 영적인 일을 분별하자

배우고 느끼고 깨달았다면 기도해야 할 때다. 영적인 분별력을 주시길, 아이와 함께 손을 모으자. 혹시라도 이미 많은 것에 노출된 아이라면 보혈의 능력으로 깨끗이 지워주시고 주님이 주신 선한 것들로 다시 채워질 수 있도록 기도하자(고전 2:13).

심심할 기회를 주라

"어머니~, 심심해요."

넷째 아이가 입에 달고 살던 말이다. 홈스쿨 중이고 종일 집에 있다 보니 으레 하는 말이었고, 사 남매 모두 거쳐 갔던 레퍼토리이기도 했다. 하루에도 몇 번씩 심심하다는 말을 쏟아놓지만, 얼마 되지 않아 이것저것 창의적인 방법으로 놀거나 자기가 하고 싶은 것을 하며 시간을 보냈다.

막내라 손이 가장 못 미친 아이임에도 스스로 한글을 깨치고, 성경을 써오고, 음계도 모른 채 양손으로 피아노를 치게 되기까지 자발적인 학습을 만들어낸 건 바로 '심심함'이었다.

아이를 출산할 때마다 예기치 않게 두어 달은 아이들을 방치해야했다. 신생아의 일정에 일상이 맞춰지다 보니 나머지 아이들은 자연스럽게 많은 시간을 심심하게 보냈다.

아이들이 심심하다고 볼멘소리를 하지만 사실 심심한 것을 못 견디는 쪽은 오히려 부모인 경우가 많다. 아이들이 멍하게 있거나 아무 일도 하지 않을 때 답답함을 느껴 놀거리를 주거나 뭔가 끊임없이 할 일을 제공하려 한다. 주위의 시선, 조바심과 두려움에 동요되어 믿음을 갖고 기다리지 못한다.

나 또한 첫아이 때는 미안한 마음이 컸다. 아무것도 못 해주고 방치한다는 생각 때문이었다. 하지만 아이들이 늘어나고 그 시간이 축적될 때마다 아이들이 좋아하는 것과 흥미있어 하는 것들이 파악되었고, 하나님께서 각자에게 주신 달란트를 발견할 기회도 주어졌다.

일상에서도 심심하다는 말에 매번 대응하지 않고 자유할 수 있는 이유는, 아이들의 자유롭고 자발적인 사고훈련으로 인한 은혜 때문이었다.

셋째 아이가 햄스터 먹이에서 해바라기 씨를 몇 개 가져와 물었다.

"어머니, 이거 심으면 해바라기가 될까요?"

"글쎄, 엄마도 안 심어봐서 모르겠는데?"

분주한 상황이었고 확신도 없었기에 사실 건성으로 대답했다. 며칠이 지나 격양된 목소리로 셋째 아이가 달려왔다.

"어머니, 제가 심심해서 해바라기 씨앗을 심었거든요. 근데 싹이 올라왔어요. 죽은 씨앗이 아니라 살아 있는 씨앗이었나 봐요."

나가보니 정말 몇 줄기의 싹이 올라오고 있었다. 죽을 수밖에 없던 내가 주님 손에 붙들려 새 생명을 얻은 것처럼 햄스터 밥으로 끝날 해바라기 씨가 아름다운 꽃으로 거듭난 희대의 사건이었다. 매일 싹이 자라는 모습을 지켜보는 아이의 얼굴에 자부심이 대단했다. 오는 손님에게 늘 자기가 심은 해바라기를 소개하며 자랑을 일삼았을 정도다.

심심한(하는 일이 없어 지루하고 재미가 없는) 시간을 심심한(甚深, 마음의 표현 정도가 매우 깊고 간절한) 시간으로 활용할 수 있는 능력을 계발시켜주는 것은 그리 어렵지 않다. 무언가 부족해 보이고, 더딘 것 같고, 허비하는 것처럼 보여도 때로는 내버려두어야 한다. 심심할 때 주위가 보이기 때문이다. 나무도, 꽃도, 하늘도, 구름도 지나칠 수 있는 사소한 것들이 의미가 되고 가치가 부여된다.

하나님이 베풀어주신 만물을 볼 때 그 어느 것 하나 무가치한 것이 없듯이 아이들에게 주어진 시간 속에서도 스스로 의미와 가치를 찾을 수 있도록 고독의 시간을 허락하자. 그렇다고 아무것도 하지 말고 방치하라는 말은 아니다. 극단적인 방향으로 가서는 안 된다.

아이들이 스스로 창작하고 탐구할 수 있는 환경을 마련해줄 때 세상의 모든 것들이 놀잇감이 되고 장난감이 된다. 온유스쿨의 탄생도 심심함에서 비롯되었다. 지금은 심심하다는 말보다 하는 것을 못하게 될까봐 눈치 보는 지경이 되었다.

'과연 아무것도 하지 않는 것은 시간 낭비인가?'라는 질문을 던지는 참여형 퍼포먼스 '멍 때리기 대회'가 매해 열리고 있다. 바쁜 현대인에게 잠깐의 정신적 쉼을 주는 독특한 대회라는 점이 눈길을 끈다.

뇌 과학자들은 창의력을 키우는 요소 중 하나로 뇌를 쉬게 하는 것을 꼽는다. 즉 지루함, 멍함, 심심함이 두뇌 회전을 시작하는 시발점이라고 한다. 그런데 요즘 아이들은 심심할 틈이 없다. 아기 때부터 손에 들려 있는 스마트폰과 쉴 새 없이 돌아가는 TV, 빡빡한 학습 일정 등 태어나서 입시까지 심심할 틈 없이 숨 막히게 살아가는 아이들에게 쉼을 허락하자. 심심함을 통해 하나님이 지으신 만물을 살펴보고 더 많은 생각이 자라게 될 것이다.

엄마표 신앙교육 심심하게 내버려두자

• 조바심과 답답함을 내려놓자
아이의 심심하다는 소리에 동요되지 말고, 무언가를 채워주려는
강박에서 벗어나자. 느림의 시간이 지나면 아이 스스로 만들어가
는 창조의 시간이 반드시 온다.

• 심심할 기회를 주자
아이를 심심하게 만들자. 지루하고 재미없는 시간을 통해 스스로
하고 싶은 것을 찾아내고 자발적인 학습을 만들어낼 수 있다. 뇌
와 눈과 귀에게 쉼을 주는 날을 정하자. 아이들을 믿고 기다려주
는 연습이 필요하다.

• 과도하게 채우고 있는 것들을 비우자
심심한 환경을 만들자. 아이 주위를 가득 채우고 있는 것을 정리하
는 것도 좋다. 스마트폰이 없는 날을 만들어보자. 수십 장의 이면
지에 그림을 그리고, 동화책을 만들고, 책으로 집을 짓고, 집 안의
각종 도구가 장난감으로 변하는 것을 경험하게 될 것이다.

네 경쟁 상대는 바로 너야
둘째 아이가 한 아이와 반갑게 인사를 나누었다.

"누구야?"

"암송할 때 제 옆에 앉았던 친구인데요. 저 친구는요, 천국 상을 받은 친구예요."

"우와! 천국 상 멋지다. 그 상을 왜 받았는데?"

"제가 암송하러 나갈 때 주먹을 불끈 쥐고 파이팅을 외쳐줘서 고맙다고 했는데, 암송하고 들어왔더니 잘했다고 칭찬해주더라고요. 어떻게 보면 제가 경쟁자로 생각이 될 텐데 응원하는 멋진 모습이 충분히 천국 상 받을 자격이 있잖아요."

"우와! 천국 상을 받은 친구도 정말 귀하고, 천국 상을 주는 온유도 정말 멋지다."

아이들은 참 순수하다. 어른들은 아이들을 경쟁의 구도 속으로 밀어 넣고 순위에 따라 평가하며 희비가 나뉘는데, 아이들이 서로를 격려하고 응원하는 모습이 참 예쁘고 귀해 보였다.

아이들이 남과 경쟁하는 자리에 설 때면 이 말을 해준다. 그 누구도 너의 경쟁자가 아니며, 함께하는 아이들도 귀한 아이들이기에 성패와 상관없이 진심으로 응원하고 격려하며 축하할 수 있었으면 좋겠다고 말이다.

성경에서 이기는 자는 남과 경쟁해서 승리하는 사람이 아니라 자신을 이기고 끝까지 완주하는 사람이다. 선한 싸움을 싸우고 믿음의 길을 끝까지 완주했다고 고백한 사도바울처럼 말이다. 아이들이 그 누구도 경쟁상대로 여기지 않고 자신의 소임을 다해 끝까지 완주하는 사람이 되도록 가르치자.

• 네 경쟁 상대는 바로 너

생각이 깊어지고 믿음이 단단해지고 끝까지 완주할 힘을 갖도록 격려하고 도와주자. 경쟁을 통해 나를 평가하는 것이 아니라 어제보다 조금 더 나아진 나, 어제보다 오늘, 오늘보다 내일 더 발전할 나를 평가할 수 있도록 가르치자.

• 천국 상은 누구나 받을 수 있다

어떤 상황에서든 서로를 격려하고 응원하며 축하할 수 있는 사람이 되도록 하자. 천국 상을 주고받는 삶을 통해 진짜 천국을 누리게 하자.

실패와 넘어짐도 가르치자

그는 넘어지나 아주 엎드러지지 아니함은 여호와께서 그의 손으로 붙드심이로다 시 37:24

사 남매가 둘러앉아 보드게임을 하고 있었다. 즐겁고 재밌게 하나 싶었는데 얼마 되지 않아 사달이 났다.

"나, 안 할 거야!"

"왜? 질 것 같으니까 안 하는 거지? 하다가 그만두는 법은 없어."

"그냥 하기 싫어졌어. 그만할래."

"넌 항상 그러더라. 이제부터는 넌 안 끼워주는 줄 알아."

게임에서 질 것 같으면 쓰는 셋째의 수법이라는 걸 알기에 오빠들이 여러 번 참고 넘겨주었는데 이번에는 단단히 각오하는 듯했다. 급기야 셋째는 울고 오빠들도 게임을 접어야 했으며 분위기는 순식간에 싸늘해졌다.

게임이든 운동이든 반드시 승패가 있다. 승자는 웃고 패자는 슬퍼하는 일을 겪는다. 재미로 즐기는 게임이거나 운동임에도 아이들이 승부욕에 불타 승패를 인정하지 않고 결과를 뒤집거나 관계가 깨어지는 일을 여러 번 겪다 보니 극단의 조치가 필요한 상황들이 생기곤 했다.

문제는 인정이다. 내가 패할 수 있다는 두려움 때문에 현재의 상황을 인정하지 않는 데서 비롯되어 스스로 포기해버리는 일이 생긴다. 아이들이 해보지도 않고 못 하겠다고 하는 일이 종종 있다. 이유는 단순하다. 해보지 않았기에 못 할까 봐 혹은 실패할까 봐 두렵기 때문이다. 해보고 못 하는 것과 할 시도도 안 하는 것엔 엄청난 차이가 있다.

믿음의 여정엔 보이지 않는 길을 가야 할 때도 있고 잡히지 않는 소망을 붙들어야 할 때도 있다. 이 세상을 살아가면서 우리는 넘어지고 실패하는 일을 끊임없이 만난다. 그때마다 상황을 인정하지 않고 피하기만 한다면 앞으로 나아갈 수가 없다. 아이들에게 실패할 수 있음을 가르쳐야 한다. 승자가 있으면 패자가 있는 것이 당연하고, 패자는 승자를 축하할 수 있어야 하며 무엇 때문에 패했는지 그 과정을 통해 배우면 된다.

믿음의 길을 걷다 넘어지면 일어나면 되고, 헛된 소망을 붙들었다면 놓으면 된다. "실패를 통해 배우지 않는 것이 가장 큰 실패"라는 말이 있다. 실패를 통해 무엇을 배웠는지, 최선을 다했으면 그것으로 괜찮은 것임을 알려주어야 한다.

승부욕이 누구에게나 있지만 꼭 이기는 것만이 능사는 아님을 우리는 알고 있다. 실패가 쌓여 다른 차원의 노하우를 만들어내거나 다시 정비해서 도전할 수 있는 능력을 갖출 수 있음을 알려주자. 실패를 통해 두려움을 극복하고 일어나는 힘을 얻고 살아가는 방법을 배우게 될 것이다.

아이들이 축구를 하고 돌아와 중계하는 말을 들어보니 누구 때문에 골을 못 넣었고, 누가 못해서 경기에 졌다는 내용이 주를 이루고 있었다. 실패의 원인을 남 탓, 환경 탓하며 외부요인으로 돌리고 자기 합리화하는 사람은 절대 주도적인 사람이 될 수 없다. 모든 문제 앞에 반사적으로 반응하며 타인의 탓으로 돌리는 사람이 아니라 자신의 실패와 넘어짐을 인정하고 감당하는 주도적인 사람이 되도록 가르치자.

성경엔 수많은 실패와 넘어짐에도 모든 상황을 감당하며 믿음으로 이겨냈던 신앙의 위인들이 많다. 자녀들과 함께 나누며 신앙의 선배들을 따라 은혜의 자리로 나아갈 수 있도록 하자. 하나님의 자녀는 넘어지지 않기 위해 몸부림치는 것이 아니라 죄인임을 인정하고 다시 말씀을 붙들고 일어서는 자임을 잊지 말자.

엄마표 신앙교육 주님의 손을 붙들고 일어나자

• 믿음의 주요 온전케 하시는 예수를 바라보자

자녀들이 믿음의 경주를 하다보면 실패할 때도 있고 넘어질 때도 있다. 오르막길이 있으면 내리막길도 만난다. 모든 상황에서 일어날 힘은 믿음의 주요 온전케 하시는 주님을 바라보는 것이다. 실패와 넘어짐의 순간 주님께 시선을 고정하자(히 12:2).

• '변나명용'의 은혜를 가르치자

303비전암송학교에서 외치는 슬로건 중에 '변나명용'이라는 말이 있다. 고난에 관한 함축어인데, 고난은 '변'장하고 오는 축복, 고난은 하나님의 기상'나'팔, 고난은 하나님의 '명'품 만들기, 고난은 하나님의 사람으로 연단받기 위한 '용'광로라는 뜻이다. 고난 앞에 낙심하며 감사를 빼앗기지 말고, 고난을 통해 하나님의 뜻을 발견하고 이로 말미암아 감사가 넘치는 고백을 할 수 있도록 연습하고 가르치자(시 119:71).

• 실패를 딛고 승리하는 법을 알려주자

자녀들이 입시나 중요한 일의 실패 앞에 일어나지 못하는 경우가 많다. 실패는 영원한 상태로 있지 않음을 가르쳐주자. 아픈 상처도 아물듯이 아픔을 딛고 일어나면 된다. 부모는 자녀의 실패와 넘어짐 앞에 해결책과 대안을 제시하기보다는 위로하고 격려하며 실패를 통해 배우고 깨달은 것들을 함께 나누면 된다.

내가 경험한 실패를 통해 다른 사람을 이해할 수 있는 척도가 될 수 있음을 알려주자. 실패를 딛고 승리할 힘은 가족의 응원과 지지임을 잊지 말자. "괜찮아, 힘내"라는 한 마디와 따뜻한 포옹이면 충분하다(시 119:67).

아빠랑 신나게 책 읽는 시간이다

하나님이 이 네 소년에게 학문을 주시고 모든 서적을 깨닫게 하시고 지혜를 주셨으니 다니엘은 또 모든 환상과 꿈을 깨달아 알더라 단 1:17

첫째 아이가 돌 무렵, 책장에 기대어 키 높이에 있는 책을 한 권씩 재미로 뽑는 일이 일과였다. 빼낸 모든 책을 다시 꽂아주기만 하면 최고의 장난감이자 놀이터였다. 이런 형 밑에서 함께 커서인지 둘째 아이는 한술 더 떴다. 도구를 이용해 키 높이 이상의 책장에 책을 모두 꺼내 탑을 쌓고 성을 짓고 집을 만들어 놓았다. 책을 블록 삼아 놀더니 어느새 그 책 위에 앉아 시간 가는 줄 모르고 책을 읽고 또 읽었다. 초토화되는 집이 늘 일상이었지만 아이들은 그 환경을 즐기며 놀았기에 내버려두었다. 물론 치우는 것도 각자의 몫이니 정리하는 것에 예민해질 필요가 없었다.

사 남매는 잠자기 전 몰래 읽는 책이 꿀맛인 것을 일찌감치 알게 되었다. 분명 자기로 하고 소등했는데 이불을 덮고 플래시 불빛에 읽다가 적발된 적이 한두 번이 아니었다. 난 속이 좀 끓지만 아이들에게 더할 나위 없는 추억임을 알고 있었다.

"와! 아빠랑 신나게 책 읽는 시간이다."

15년째 책 읽기 전 울려 퍼지는 환호성이다. 남편은 밤마다 한 시간 남짓 아들들에게 《나니아 연대기》를 몇 달에 걸쳐 다 읽어주었다. 아들들은 누워 듣기도 하고, 들으면서 그림을 그리고, 아버지가 책 읽어주는 이 시간을 기다리고 좋아했다.

낮엔 주로 내가 책을 읽어주고 밤엔 남편이 읽어주는 편이다. 지금은 그 자리를 두 딸이 꿰차고 있지만 오빠들도 멀리서 귀를 쫑긋 세우고 듣기를 즐긴다. 책 읽어주기가 가족을 하나로 묶어주며 결속력을 가진다는 말에 적극 동감한다. 남편도 나도 독서를 좋아하다 보니 책 읽기가 우리 가정에 습관처럼 자리 잡혀 책으로 소통하는 또 하나의 연결고리가 있음에 감사하다.

우리 집엔 일명 '동심파괴자'가 있다. 책 읽어주는 아버지의 별명이다. 아이들에게 책을 읽어주고 나면 피어나는 동심에 찬물을 끼얹었다. 책을 읽어주다가 몇 가지 의문을 갖게 되면서 어떤 동화책은 꿈과 동심이 아닌 그릇된 환상과 왜곡된 행복을 주입할 수 있겠다는 생각을 하게 된 것이다. 실제로 유명한 명작 동화를 보면 왕자와 공주가 만나 행복하게 오래오래 살았다는 공식으로 통하고 있다.

"왕자와 공주가 만나면 무조건 행복하게 오래오래 살 수 있을까?"

"어떤 신분이든 왕자만 만나면 행복한 걸까? 진짜 행복은 뭘까?"

아이들이 순수하게 상상하도록 내버려두지 굳이 이런 질문을 던져 동심을 파괴하는 이유가 뭘까 의구심이 들겠지만, 남편과 나는 아무런 의문 없이 동화책을 덮고 싶지 않았다. 덕분에 아이들도 가끔 다른 이야기를 하곤 했다.

"잠자는 숲속의 공주를 깨우기 위해 입맞춤한 왕자는 바로 도망갔어요. 왜 그런 줄 아세요? 오랫동안 깊은 잠에 빠져 있었기 때문에 입 냄새가 장난 아니었거든요."

아이들이 써오는 후속 스토리가 원작보다 더 재미있을 때도 많다. 순수한 마음을 없애기 위해 질문을 하는 게 아니다. 아이들이 책의 내용을 무조건 수용하기보다는 좀 더 다른 생각으로 접근할 수 있기를 바랐다. 그것은 성경적인 세계관이다.

책을 좋아하는 아이들이기에 다양한 독서를 시키지만 아무 책이나 읽히지는 않는다. 연령과 시기에 적합한 책을 읽히려고 주도면밀하게 살피며 아이들에게 선악과 같은 책을 알려주기도 했다. 다른 책은 다 읽어도 되지만 어떤 책은 읽지 않도록 하는 방식이다.

실제로 선악과 책이 우리 집 책장 맨 위 칸에 2권 정도 있었다. 전집으로 온 책 중에 아이들이 읽기에는 이르다는 판단에서였다. 감사하게도 두 형제가 선악과를 따먹지 않았고, 몇 년의 시간 후에 그 책을 읽고 왜 그때 읽지 말라고 하셨는지 이해가 된다고 말했던 적이 있다.

독서가 간접 경험을 통해 삶을 풍요롭게 하고 지식을 확장시키는 것이 사실이지만, 분별하지 않는 독서를 통해 오히려 죄와 거짓과 불신앙에 노출된다면 득보다는 실이 너무 큰 투자가 되는 셈이다.

'인문학'이라는 키워드가 성공과 번영에만 목적을 둔 것 같아 이 학문을 좇는 게 다소 불편하게 여겨지던 때가 있었다. 무엇을 위한 독서인지 목적과 방향이 바로 서 있지 못해 오는 오류였다. 만약에 내 안에 신앙이라는 중심추가 없었다면 나 역시 세상의 밀물과 썰물에 쓸려 다니며 성공을 위한 독서로 여기저기서 철썩거리고 있었을지도 모르겠다.

독서를 통한 지식의 확장이 개인의 성공과 지식의 자랑, 삶의 안정을 위한 목표가 되지 않도록 주의하자. 하나님이 기뻐하시는 삶을 위해 세상을 섬기는 삶, 무엇보다 하나님이 쓰시고자 하는 그 자리에 하나님이 찾으시는 한 사람, 준비된 사람이 되기 위해 배움의 길을 포기하지 않도록 가르치자.

아이들이 한 손에는 성경을, 다른 한 손에는 책을 들고 수불석권(手不釋卷)할 수 있기를 바란다. 하나님을 알고 세상을 알고 변화와 참된 앎을 통해 하나님의 영광과 나라를 이루어, 세상에서 빛과 소금으로, 한 알의 밀알로 쓰임 받는 자녀로 키우자.

엄마표 신앙교육 한 손에는 성경, 한 손에는 책

• 독서의 목적과 목표를 분명히 하자

우리의 삶을 무엇으로 채우든 그것은 하나님의 영광을 위해서여야 한다. 학문을 주시고 모든 서적을 깨닫게 하시고 지혜를 주셔서 모든 환상과 꿈을 깨달아 알던 다니엘처럼 지혜와 총명이 하나님나라를 위해 사용되도록 준비하고 기도하자.

• 가정에서 책 읽는 문화를 만들자

가정에서 책 읽는 문화를 조성하는 것은 부모의 몫이다. 가족이 독서로 결속력을 갖는 것은 참 유용한 문화다. 자녀들과 함께 독서의 자리를 만들자. 매주 도서관을 찾는 방법도 있고 저녁마다 책 읽는 타임을 만드는 방법도 있다. 각 가정에 맞는 문화를 만들어 보자.

• 독서 전에 성경적 세계관을 먼저 입히자

오직 말씀에만 매진했던 시절이 있었다. 참 무지하기도 했고, 담 넘어 세상에 관심이 없기도 했지만 근본주의적인 신앙훈련이 있었기에 일반계시나 일반은사의 중요성을 완전하고 충분한 진리의 말씀 위에 굳건하게 토대로 세울 수 있었다.

《독서신학》에서 토니 레인케가 말하는 것처럼 불완전한 책을 완전한 책에 비추어, 불충분한 책을 충분한 책에 비추어, 일시적인 책을

영원한 책에 비추어, 얄팍한 책을 초월적인 책에 비추어 책을 읽을 수 있는 것이야말로 최고의 독서법이다. 분별력 있는 독서를 통해 지혜의 통찰과 지식의 통달이 신앙을 확장시키고 진리를 탐구하는 능력이 될 수 있도록 최고의 독서법을 활용하자.

• 아이들이 추천하는 책은 꼭 읽어보자

"어머니, 이 책 꼭 읽어봐요. 알았죠?"

아이들이 맞춤형으로 추천해주는 책들이 있다. 읽어보면 자신의 마음을 대변하는 내용이거나 부모의 마음을 위로해주는 경우가 많았다. 아이들이 추천하는 책은 아무리 바쁘고 시간이 없어도 꼭 읽어보고 피드백을 했다. 아이들의 관점에서, 또 어른의 관점에서 서로 다르게 느끼는 부분을 발견하고 서로 나누기도 했다. 아이들이 추천하는 책은 꼭 읽어보자. 그 속에서 아이의 숨은 마음과 의도를 찾고 공감하고 이해할 수 있는 좋은 소통의 기회가 된다.

• 아이들이 읽는 책을 주의 깊게 관찰하자

아이들이 읽는 책을 들여다보면 아이의 관심 분야를 알 수 있다. 지식의 확장을 위해 전문성을 갖춰주는 것 또한 부모의 몫이다. 아이가 소장하고 싶어 하는 책이 있다면 아낌없이 투자하자. 준비되는 과정을 응원하고 격려할 때 지식의 탐구와 함께 전문성을 갖추며 성장할 것이다.

너는 특별하단다

그러나 너희는 택하신 족속이요 왕 같은 제사장들이요 거룩한 나라요 그의 소유가 된 백성이니 이는 너희를 어두운 데서 불러내어 그의 기이한 빛에 들어가게 하신 이의 아름다운 덕을 선포하게 하려 하심이니라

벧전 2:9

어린 시절, 난 공부 잘하는 학생은 아니었다. 대신 잔재주가 많고 습득력이 빠른 아이였다. 공부보다는 예체능에 관심과 재능이 많았는데 학창시절엔 이런 내가 참 싫었다. 분명 많은 걸 할 줄은 아는데 제대로 하는 게 없다는 생각 때문이었다.

그렇다고 모든 걸 다하며 살 수는 없는 노릇이니 그중에 가장 탁월하게 주신 재능이 미술이었기에 디자인을 전공해 원하는 일을 하며 행복하게 보내던 시절이 있다. 엄마라는 또 다른 이름으로 살면서 내 재능과 전공은 전혀 무관한 삶을 살 거라 생각했다. 하지만 하나님께서는 내가 살아왔던 모든 과정과 나만의 특별한 재능과 은사를 고스란히 삶과 사역에서 드러내시고, 있는 그대로 사용하고 계신다. 어머니는 도대체 못 하시는 게 뭐냐고 물어보는 아이들에게 내 옛이야기를 들려주면 아이들이 깜짝 놀라곤 한다.

가끔 남편도 농담처럼 얘기한다. 현실 감각이 없는 건지 아니면 믿음이 진짜 좋은 건지 밑도 끝도 없는 내 자존감은 어디서 나오는 거냐고 말이다. 내게는 어떤 상황과 환경에도 굴하지 않는 자존감

을 하나님이 장착해주셨다.

옛날 동화책에서나 들을법한 이야기이지만 나는 남존여비가 심한 가정에서 태어났다. 아버지는 무조건 아들 우선주의셨고, 내가 태어났을 때 딸이라는 이유로 삼 일간 나를 쳐다보지도 않으셨다는 일화가 있다. 또 자라면서도 무수한 차별을 받았다. 공부를 잘했던 오빠와 달리 잡기에 능한 난 늘 뒷전이었고, 오빠는 재수, 삼수까지 지원을 아끼지 않으셨지만, 난 내가 레슨비를 벌어가며 입시를 준비해야 했다.

사실 친정어머니가 아버지 모르게 나를 돕느라 마음고생을 많이 하셨다. 지금도 날 보면 늘 안타까워하시는 어머니의 마음이 성장했던 과정에 고스란히 녹아있다. 그래서였을까? 일치감치 난 스스로 살아남는 법을 깨달았다. 육신의 아버지가 아닌 하늘 아버지만 붙들고 의지해야 살아남을 수 있음을 말이다.

열등감과 자기연민에 갇혀 남 탓하며 절망적인 삶을 살 수밖에 없었던 나를 건강한 자아와 흔들리지 않는 믿음의 자리로 이끄신 데는 나를 보배롭고 존귀하게 여겨주신 하나님의 특별한 사랑과 은혜가 있었다. 있는 그대로 나를 품어주시고, 나보다 나를 더 사랑해주시는 하늘 아버지의 크신 사랑 덕분에 육신의 아버지로부터 채우지 못한 사랑을 채울 수 있었고, 단단한 자아존중감도 지니게 되었다.

첫째 아이가 어릴 때 친구로부터 놀림을 받고 힘들어했던 적이 있다. 또래보다 덩치가 크다 보니 으레 '삼겹살, 뚱땡이, 돼지' 같은 놀림을 받는 것 같았다.

"엄마, 친구가 자꾸 저한테 삼겹살이라고 놀려요. 제가 단호하게 하지 말라고 몇 번이나 얘기했는데도 자꾸 놀려서 속상하고 너무 화나요."

"진짜 속상했겠다. 근데 네가 생각하기에도 그래?"

"아니요. 절대 아니죠."

"그치? 엄마도 그렇게 생각해. 너는 엄마의 귀한 아들이지 삼겹살은 아니니까, 앞으로 친구가 삼겹살이라고 놀릴 때 그 말을 받지 말고 그냥 거부해."

"어떻게 하는 건데요?"

"친구가 놀리는 말에 화내고 속상해하면 인정하고 받아들이는 거야. 그 친구는 재밌어서 더 놀릴 테고. 친구가 너를 어떻게 생각하는지는 전혀 중요하지 않아. 너도, 엄마도, 너를 사랑하는 모든 사람도 그렇게 생각하지 않으니까. 무엇보다 하나님이 너를 가장 귀하게 여기시니까 그 말을 거부해. 네가 거부하는 순간부터 그 말은 네 것이 아니라 그냥 땅에 떨어지는 단어에 불과해. 그건 네 선택에 달렸어."

이후 동생들에게 그런 일이 있을 때마다 큰아이는 당당하게 얘기해주었다.

"놀린다고 속상해하지 마. 네가 그렇게 생각 안 하면 아무것도 아닌 거야. 오빠가 여러 번 겪어봐서 아는데 네가 아무 반응을 안 하면 그 애도 재미없어서 안 해. 그냥 무시해."

큰아이가 놀리는 친구들의 말을 가볍게 넘길 수 있었던 건 자신의 가치와 존재의 소중함이 어디서부터 오는지 아주 잘 알고 있었기 때문이다.

> 너의 하나님 여호와가 너의 가운데에 계시니 그는 구원을 베푸실 전능자이시라 그가 너로 말미암아 기쁨을 이기지 못하시며 너를 잠잠히 사랑하시며 너로 말미암아 즐거이 부르며 기뻐하시리라 하리라 습 3:17

밑도 끝도 없는 자존감은 내가 누구인지 아는 것에서부터 시작된다. 그건 바로 정체성이다. 내가 하나님의 자녀로서 어떤 존재인지를 아는 것, 내 가치가 어디서부터 오는지 자녀들이 알아야 한다. 하나님은 우리를 각양각색의 특별한 모습으로 만드셨다. 한 배 속에서 태어난 사 남매도 어떤 것 하나 같은 것이 없다.

한 사람 한 사람 독특하고 특별한 자녀로 부르신 목적은 각자의 사명이 다르기 때문이다. 다른 사람보다 내가 뛰어난 가치가 있어서 특별한 것이 아니라 존재 자체만으로 특별하게 여겨주시는 그 사랑을 알 때 정체성이 흔들리지 않는다. 하나님이 얼마나 인격적이시고 우리를 존귀하게 여기시는지 자녀들에게 알려주자. 이것이 그들의 자존감이다.

자존감이 높은 아이는 주위의 말이나 환경에 흔들리지 않는다. 나를 바라보는 시선 따위가 아무 문제가 되지 않기 때문이다. 가장 가까이에 있는 부모나 가족의 믿음과 신뢰가 자존감을 높인다. 무엇보다 자녀에게 머무는 하나님이 시선과 사랑은 자신이 얼마나 가치 있고 소중한 존재인지 알게 해준다.

자녀들에게 하나님의 무조건적 사랑을 전달하자. 요즘 학업, 스트레스, 성적 비관, 학교 폭력, 가정 불화 등을 이유로 해마다 많은 청소년이 안타깝게 목숨을 버리는 일들이 늘어나고 있다. 내가 무언가 성취하고 잘해야 인정받는 사회에서 끊임없이 성과를 요구당하는 아이들에게 필요한 건 무조건적인 사랑과 인정과 존중이다.

부모는 무조건 자녀 편이 되어주어야 한다. 나로 인하여 기쁨을 이기지 못하시는 무조건적인 하나님의 사랑이 아이들 마음에 닿도록 그 사랑을 흘려보내자.

너희가 전에는 어둠이더니 이제는 주 안에서 빛이라 빛의 자녀들처럼 행하라 엡 5:8

엄마표 신앙교육 자존감 있는 아이로 키우라

• 말씀 안에서 정체성을 찾아주자
  · 너는 선택된 민족이고, 왕 같은 제사장이고, 거룩한 나라며, 하나님의 소유가 된 백성이야(벧전 2:9).
  · 너는 하나님의 자녀야(요 1:12).
  · 너는 예수님의 친구야(요 15:15).
  · 너는 하늘나라의 시민이야(빌 3:20).

· 너는 빛의 아들이야(살전 5:5).

· 너는 하나님의 작품이야. 선한 일을 하게 하시려고 하나님께서 그리스도 예수 안에서 너를 만드셨어(엡 2:10).

• 자신감이 아닌 자존감을 심어주자

아이가 자신감을 갖는 것은 너무나 중요하다. 어떤 일이든 해낼 수 있다고 스스로 굳게 믿는 마음이 필요하지만 자신감은 대부분 남보다 자신이 낫다고 생각될 때 얻게 되는 경우가 많다.

성적이 좋을 때, 외모가 뛰어날 때, 주어진 조건들을 비교했을 때 우월하다고 생각되면 자신감을 얻는다. 하지만 지나친 자신감은 자만심으로 바뀔 수 있음을 경계해야 한다. 비교의 조건이 충족되지 못할 때 자신감은 온데간데없고 열등감과 좌절감에 사로잡혀 자신의 가치를 무너뜨린다. 하지만 자존감은 다르다. 환경과 상황에 따라 달라지지 않는다.

자녀들의 삶의 역경과 굴곡에서도 변함없이 나를 보배롭고 존귀하게 여겨주시는 하나님에 대한 믿음과 신뢰가 아이에게 쌓이도록 도와주자. 자신을 스스로 가치 있고 존중하며 사랑할 수 있도록 자존감을 키워주는 역할 또한 부모 몫이다.

• 아이만의 고유의 색을 찾아주자

아이들마다 지닌 색깔이 다 다르다. 나는 사 남매를 색으로 비유할 때 큰아이는 파랑, 둘째 아이는 초록, 셋째 아이는 분홍, 막내는 노랑으로 표현한다. 아이들마다 기질, 성품, 성향이 다르다. 다 다르지만 틀린 것은 아니다.

하나님께서 아이에게 각각 필요한 색을 입혀주셨을 때는 다 이유가 있다. 우리의 자녀가 무지개가 되길 바라지 말자. 아이가 낼 수 있는 색깔로 가장 아름답게 삶에 드러내면 된다. 있는 모습 그대로 인정하고 존중하자. 물고기는 물에서 살고 새는 하늘을 날아야 한다. 우월과 열등 사이에서 고민하지 말고 다양성을 인정하고 가치를 발견할 수 있도록 부모의 눈과 마음이 달라지도록 기도하자.

〔 자녀교육 4교시 〕

체(體), 건강한 몸

자기의 몸을 구별하는 모든 날 동안 그는 여호와
께 거룩한 자니라 민 6:8

몸을 구별하여 거룩하게 하자

'체'(體)는 건강한 몸에서 건전한 정신이 나옴을 깨닫고 평온한 마음
의 바탕 위에 지속적인 경건 훈련을 통해 건강을 지켜나가는 훈련이
다. 체력이 곧 영력이기 때문이다.

요즘은 자기쾌락, 자기만족. 인본주의가 팽배한 시대다. 1인 가구
가 증가하면서 '혼밥족'이라는 신조어가 등장했고 시대의 풍토에 따
라 1인 가구를 위한 제품과 메뉴가 급속도로 출시되고 있다. 혼밥,

혼술, 혼영(혼자 영화), 혼여(혼자 여행) 심지어 혼예(혼자 예배)족도 등장해 싱글라이프 전성시대가 되었다.

사회의 전반적인 구조가 변화됨에 따라 '가족'이라는 이름으로 살아가는 공동체가 점점 사라지고 있다. 욜로족의 등장으로 다음 세대를 생각하지 않을 뿐 아니라 핵가족화를 이루며 그 무엇에도 매이지 않는 자유를 원하다보니 우울증, 자살, 이혼 등의 문제가 심각해지고 있다. 자녀들에게 하나님께로부터 받은 몸을 지키는 것을 넘어 건강하고 성경적인 가정을 이루고 믿음의 공동체를 만들어갈 수 있도록 삶 속에서 보이고 가르치고 전수해야 한다.

시대가 악하다. 쾌락과 음란이 난무한 시대를 살아가는 자녀들에게 경건의 훈련과 더불어 말씀대로 살고 말씀의 중심에 자신을 세우도록 훈련하고 가르치자.

부모가 직접 가르치는 성교육

너희 몸은 너희가 하나님께로부터 받은바 너희 가운데 계신 성령의 전인 줄을 알지 못하느냐 너희는 너희 자신의 것이 아니라 값으로 산 것이 되었으니 그런즉 너희 몸으로 하나님께 영광을 돌리라 고전 6:19,20

우리 부부는 아이들 앞에서 스스럼없이 스킨십을 주고받는 편이다. 부부의 애정표현과 연합이 하나님이 기뻐하시는 가정의 모습이고 자연스러운 것임을 어릴 때부터 보여주고 가르쳐주고 싶었다. 남편은 '뽀뽀쟁이'로 불린다. 출퇴근길 사 남매는 기본 옵션이고 아내와의 입맞춤을 아이들은 당연한 것으로 받아들이는 문화다.

첫째, "어우, 아버지랑 어머니는 너무 닭살이에요."

둘째, "저는 이다음에 어머니 같은 여자 꼭 만나고 싶고, 아버지 같은 남자가 되고 싶어요."

셋째, "저는 엄마 같은 여자도 되고 싶고, 아빠 같은 남자 꼭 만날 거예요."

막내, "난 결혼 안 하고 아빠, 엄마랑 살 거야."

이보다 더 좋은 칭찬이 있을까? 부족한 부모를 늘 선한 눈으로 봐주고 사랑해주는 아이들 덕분에 힘을 얻는다. 아이들은 부모의 경험담 듣기를 좋아한다.

"어머니는 아버지가 첫사랑이에요? 인기 많았어요? 두 분 중 누가 먼저, 어디서 어떻게 고백했어요?"

반복해서 들어도 질려하지 않고 드라마 다음 편을 기대하듯 묻고 또 묻는 이유는 부모의 경험담을 통해 공감대를 만들어 자신의 이야기를 써나가기 때문이다.

우리 가정에서는 아이들이 성에 대한 궁금증이나 고민을 불편함 없이 자연스럽게 물어온다.

"어머니, 지금 제가 아버지한테만 얘기한다고 너무 서운해하지 마세요. 나중에 다 말씀드릴게요."

남자가 되어가는 큰아이가 아버지와 긴밀한 대화를 나누러 들어가며 한 말이었다. 약속대로 수일이 지나 자신의 고민을 여과 없이 말해주며 기도를 부탁할 때 참 고마웠다. 사실 아들들의 고민과 상황을 다 알면서도 모른 척하는 이유는 아버지와 어머니의 역할이 다르기 때문이다.

남녀의 차이와 특징 그리고 경험한 바와 역할이 다르기에 성별과 연령에 맞는 상담과 교육이 필요하다. 우리는 아이들에게 늘 습관처럼 말한다. 신앙 혹은 믿음에 관한 것이나 성에 대한 궁금증이나 다른 어떤 것이라도 의문이 생길 때는 다른 곳에서 답을 찾지 말고 반드시 우리와 의논하고 함께 답을 찾자고. 아이들이 혼자 답을 찾을 경우 왜곡되고 잘못된 답을 얻을 위험성을 염두에 두고, 말씀에서 진리를 찾기 위해 아이들과 고군분투하고 있다.

음행을 피하라 사람이 범하는 죄마다 몸 밖에 있거니와 음행하는 자는 자기 몸에 죄를 범하느니라 고전 6:18

인터넷 창 하나만 열면 어른이 보기에도 민망한 광고나 19금 웹툰이 버젓이 노출되고, TV나 스마트폰, 유튜브 등 다양한 매체를 통해 자극적인 광고나 영상, 부도덕한 메시지가 끊임없이 자녀들을 유혹하며 손짓을 한다. 모솔(모태솔로), 돌싱(돌아온 싱글), 혼전임신, 낙태, 동성애, 퀴어 등 이전에는 쉽게 접할 수 없던 단어들을 너무 자연스럽게 사용하는 시대에 아이들이 살고 있다.

성경에서 말하는 온전한 가정의 모습, 부부에게 허락하신 아름다운 성을 논하기엔 세상의 저질적인 메시지가 너무 강하다. 자녀들이 하나님이 주신 질서 안에서 내 몸을 소중하게 지키고 사랑하며, 하나님께 뜻을 정해 성결과 정결로 무장할 수 있도록 아이들의 성장에 맞춘 반복적인 성교육이 필요하다.

가장 중요한 성교육의 목적은 자녀들이 그리스도인 남자와 여자로, 그리스도인 남편과 아내로 건전하고 영적으로 충만한 삶을 살 수 있는 성인이 되도록 준비시키고 도와주는 것이다.***

자녀에게 올바른 성에 대해 가르쳐 줄 최고의 선생님은 바로 부모다. 기관이나 단체를 통해 이뤄지는 한 번의 교육은 올바른 성교육을 유도할 수 없다. 특히 생물학적이나 기능적인 성교육은 아무런 도움이 되지 않는다.

아이들이 어릴 때 순수한 궁금증으로 물어오는 것이나 사춘기가 되어 말하기 곤란한 내용에 대한 궁금증도 함께 고민하며 함께 답을 찾을 수 있는 곳이 가정이어야 한다. 어른들의 편협한 생각으로 아이들의 궁금증을 회피하거나 정죄한다면 분명 자신이 원하는 답을 은밀한 통로를 통해 얻고 부모에겐 더 이상 입과 마음을 열지 않을 것이다.

대중문화나 매체를 통해 습득한 왜곡된 성지식과 정보로 인해 그릇된 성문화를 받아들이거나 또래 집단과 공유하는 직·간접적인 경험들로 호기심과 유혹에서 벗어나지 못해 비행으로 이어지지 않도록 부모가 살피며 성경적인 성교육을 해야 한다. 상업적이고 쾌락적인 세상의 음란한 성이 자녀들의 머리를 채운 후에는 되돌리는 것이 쉽지 않기 때문이다.

처음 듣고 보고 경험한 것들이 평생 그림자처럼 따라다니며 죄책감과 죄의식에 시달리게 될 수 있음을 기억하자. 몸으로 하나님께 영광을 돌리려면 어떤 선택을 해야 하는지 자녀들과 허물없이 소통하고 친밀함을 유지하도록 하자.

음식은 배를 위하여 있고 배는 음식을 위하여 있으나 하나님은 이것저것을 다 폐하시리라 몸은 음란을 위하여 있지 않고 오직 주를 위하여 있으며 주는 몸을 위하여 계시느니라 고전 6:13

엄마표 신앙교육 성교육, 부모가 직접 가르치자

• 부모가 성경적 성교육에 대해 배우고 가르치자

가정 안에서 하나님이 원하시는 성에 대해 자연스럽게 가르치고 배울 수 있어야 한다. 성교육 전문가가 아니어도 부모가 충분히 가르칠 수 있다. 말씀과 부모의 경험담과 관련 도서의 도움을 받으면 된다. 혹시라도 여러 매체를 통해 보게 되는 선정적인 영상이나 사진이 있다면 그 자리에서 옳지 못한 것들을 바로 잡아주자. 성경적인 조언을 할 수 있다면 덧붙여도 좋다. 자녀들이 분별할 수 있도록 도와주어야 한다. 최고의 성교육 선생님은 바로 부모다(잠 2:20).

• 성경에서 말하는 성 정체성을 명확하게 가르치자

성 정체성이 혼란스러운 시대에 아이들이 살고 있다. 성경에서 말하는 성별은 '남', '여'만 있다. 하나님이 그분의 형상대로 남자와 여자를 창조하신 것을 어릴 때부터 명확하게 가르쳐야 한다. 가장 중요한 성교육의 목적은 자녀들이 그리스도인 남자와 여자로, 그리스도인 남편과 아내로 건전하고 영적으로 충만한 삶을 사는 성인이 되도록 준비시키고 도와주는 것을 잊어서는 안 된다. 거짓된 성에 넘어지지 않도록, 성경적 성 가치관이 어릴 때부터 자리 잡도록 가정에서 철저하게 가르치자(창 1:27).

• 성경에서 죄라고 하면 죄인 것을 가르치자

"간음하지 말라"라는 십계명은 아이들도 기억한다. 성경엔 죄로 여기는 수많은 성적 행위가 있다. 성경을 함께 읽다가 자연스럽게 성교육을 할 수 있는 타임이다. 간음, 간통, 근친상간, 강간, 동성애, 수간, 음욕 등 다양한 성적 행위가 성경에서 죄라고 하면 죄인 것을 가르치자. 세상이 기준이 아닌 하나님의 말씀이 기준이 되도록 어릴 때부터 가르쳐야 한다(살전 4:3-6).

• 2차 성징이 나타나면 파티를 열어주자

아이들에게 2차 성징이 나타나면 각자 원하는 방식의 파티를 열어주는데, 큰아이는 놀이동산을 택했다. 종일 신나게 놀고 온 뒤 케이크에 불을 밝혔다.

"축하합니다. 조이의 남자 됨을 축하합니다."

쑥스러운 듯 부끄러운 미소로 머리를 긁적였지만 가족들에게 축하를 받는 그 시간 이후로 큰아이는 남자가 되었다. 육체의 변화를 겪는 시기에 주어지는 가족의 응원과 지지는 사춘기의 어려움과 고민을 이겨내게 하는 힘이 있다. 아이들의 성장을 축복해주는 시간을 마련하자(딤후 2:22).

• 자녀들과 충분한 스킨십을 나누자

자녀와의 스킨십 부족은 애정 결핍을 낳고, 부족한 애정은 욕구불만과 집착으로 이어져 잘못된 선택을 할 수도 있다. 가정은 애정의 원천이 되는 곳이다. 부부가 먼저 스스럼없이 스킨십을 하고 그 자리에 자녀들과 함께하자. 어릴 때부터 스킨십을 통해 정서적 욕구와 사랑이 채워지도록 해야 된다.

중학교 3학년 아들이 엄마 품을 파고들고 뽀뽀도 한다면 믿기 어렵겠지만 부모와의 잦은 스킨십이 쌓여 친밀한 관계를 유지하고 건강한 사춘기를 보낼 수 있음을 기억하고 자주 안아주며 사랑한다고 말하자.

• 사춘기는 어른이 되어가는 과정이다

많은 부모가 세상이 만들어 놓은 사춘기 프레임을 자녀들에 덧씌운다. 사춘기는 이래도 된다는 공식을 만들어 놓고 용납하거나 허용하는 것들이 많다. 하지만 정작 사춘기는 아이에서 어른으로 가는 과도기다. 이전에 보지 못했던 많은 어려움을 동반하지만 행동에 책임을 질 수 있는 시기이기도 하다. 오래전부터 전통처럼 내려오는 정형화된 사춘기의 모습을 버리고 새로운 이야기를 써가는 과정이 되도록 격려하고 지지하자. 괴물 같은 사춘기를 보낼지 꽃 같은 사춘기를 보내게 될지는 부모와 가정에 달렸다(시 119:9).

• 자녀가 순결하고 정결한 그릇이 되기를 기도하자
부모가 가르칠 순 있지만 지켜 보호할 수는 없다. 어느 자리에서든 '코람데오'의 삶을 적용하고 몸으로 하나님께 영광이 되도록 기도하자. 육신의 정욕과 음란과 유혹에서 이기게 하시고 아름답고 복된 가정을 이루며 성적인 죄악에서 승리하는 자녀가 되길 간절히 소망하며 간구하자(시 51:7).

오늘의 섬김이

형제들아 너희가 자유를 위하여 부르심을 입었으나 그러나 그 자유로 육체의 기회를 삼지 말고 오직 사랑으로 서로 종 노릇 하라 갈 5:13

"어머니, 다른 집에서는 청소하고 500원, 안마하고 500원, 설거지, 심부름 등등 당연히 할 일을 하면서 용돈을 받더라고요."
친구 집에 놀러갔다가 냉장고에 붙어있는 용돈표를 보고 온 둘째 아이가 하는 말이었다. 아이의 말에서 그것이 우리 집에서는 통하지 않는 일이라는 것과 한편으로는 부러운 마음이 내포되어 있음을 눈치 챌 수 있다.

"너희는 당연히 해야 되는 일인데 용돈으로 받으니까 부러워?"

"용돈 받는 건 좀 부럽긴 하지만, 가족들을 섬기는 걸로 돈을 받고 싶지는 않아요."

우리 가정엔 '오늘의 섬김이'가 있다. 섬김이로 정해진 날엔 어머니를 돕는다. 식탁을 정리정돈하여 수저를 놓고 식사 후엔 반찬을 정리하고 식탁을 깨끗하게 닦는 일로 마무리를 한다. 이 일에 먼저 솔선수범을 보인 건 남편이다.

수고하고 애써 식사를 제공하는 아내를 돕기 위한 남편의 배려에서 시작된 일이었다. 자연스럽게 아이들에게 이어졌고 요일별로 돌아가면서 당연한 일로 섬기고 있다. 남편은 가사와 육아에 많은 도움을 주었다. 강요가 아닌 자발적인 섬김으로 결혼 후 줄곧 분리수거는 남편의 몫이었다.

비가 오나 눈이 오나 한결같이 이 일을 감당해주었기에, 이를 보고 자란 아이들이 아버지와 함께 솔선해서 분리수거를 곧잘 한다. 쉼을 누리고 싶은 마음을 내려놓고 아내와 아이들을 위해 기꺼이 섬기는 남편을 통해 아이들도 나도 많은 것을 배운다.

우리 가정의 철칙 중 하나는 가족의 일원으로서 도와야 할 일들을 대가 없이 섬기는 것이다. 오늘의 섬김이 외에 빨래를 돌리고 개어 정리하는 일, 수건 개는 날, 양말 짝 맞추는 날, 청소, 필요에 따라서는 밥도 하고, 분리수거, 음식물 쓰레기 버리기 등 집안의 각종 허드렛일을 아이들과 함께한다.

아이들도 당연한 일로 여기지만 매번 기쁘게 하는 것은 아니다. 때로는 요령을 피우기도 하고 어떤 날은 피해가려고 다른 가족과 협상을 하기도 한다. 그럼에도 철칙을 지켜나가는 이유는 어떤 일이든 섬겨보면 섬김을 받을 때 그 일이 얼마만큼의 수고와 헌신으로 이루어지는지 깨닫고 감사로 받을 수 있기 때문이다.

섬김만 받아본 사람은 절대 그 노고를 알지 못한다. 아이들이 처음 욕실 청소를 했던 날, 비지땀을 흘리며 내게 했던 말이 있다. 욕실이 깨끗할 때는 몰랐는데 지저분한 욕실을 청소해보니 청소가 너무 힘들어서 깨끗하게 써야겠다는 마음이 들었다고 했다. 내가 아이들에게 "욕실 청소는 사랑이야"라고 한 말을 이해했을지 모르겠다.

부모가 자발적인 자녀들의 섬김을 박탈하는 경우도 있다. 도와주겠다고 팔을 걷어붙인 아이들에게 가만히 있는 것이 도와주는 거라고 말하는 경우다. 자녀의 도움이 어설프고 만족스럽지 못하더라도 작은 섬김의 기회를 제공할 때 아이들도 섬김의 기쁨과 성취감을 맛볼 수 있다.

수동적인 자녀는 모든 것을 다해주고 뒤치다꺼리하는 부모를 통해 만들어진다. 섬김이 익숙하지 않은 아이들에게 용돈을 통해 섬김을 가르쳐주는 것도 좋은 방법이 될 수 있다. 하지만 어떤 영역에 있어서는 섬기는 일들이 다 보상일 수 없는 것을 일깨워주고 대가성 섬김이 되지 않도록 가르쳐야 한다.

가족은 섬김에 있어 손익 계산을 따져가며 보상을 주고받는 사이가 아니다. 섬김은 양방향이다. 어느 한쪽에서만 흘러가면 균형이 깨지고 문제가 생긴다.

가족은 누가 누구를 시중을 드는 관계가 아니다. 남편이 아내를, 아내가 남편을 섬기듯 부모가 자녀들을 섬기고 자녀들도 부모를 섬기며, 형제와 이웃을 섬겨 사랑으로 종 노릇 하듯 서로를 섬기는 공동체가 되어야 한다.

내가 하와이에서 DTS를 받을 때 사회에서의 지위나 직분에 관계없이 모든 학생이 섬겨야 하는 '워크 듀티'(work duty)가 있었다. 주방, 청소, 의전, 전기, 사무 등 각자의 자리에서 주어진 일을 매일 2시간 동안 해야 했다. 때로는 고되고 힘든 일도 있었지만 그 가운데 나를 만나주시고 위로해주시는 하나님을 경험할 수 있었고, 또 섬김을 통해 공동체가 아름답게 세워져 갔다.

어디서 무엇을 하든지 하나님을 예배하고, 섬김과 노동의 시간에도 하나님이 기뻐하시는 일들을 찾아 묵상하며 그분의 임재를 경험하는 시간이 그 어떤 강의보다 큰 배움의 시간이었다.

가정에서의 워크 듀티도 자녀들에게 섬김 속에서 하나님을 만나는 귀한 시간이 될 수 있다. 누구나 섬기는 자리가 아닌 섬김을 받는 자리를 원한다. 하지만 믿음의 부모라면 섬김을 받는 자리가 아닌 섬기는 자리에서 기꺼이 헌신할 수 있는 자녀로 키워야 한다. 이 낮고 낮은 땅 위에 구원의 역사를 이루기 위해 오신 예수님처럼.

인자가 온 것은 섬김을 받으려 함이 아니라 도리어 섬기려 하고 자기 목숨을 많은 사람의 대속물로 주려 함이니라 마 20:28

엄마표 신앙교육 예수님처럼 섬기는 사람으로 키우자

• 내 섬김을 통해 기뻐할 대상을 정하고 섬기자

주위를 둘러보면 내 섬김이 필요한 사람이 보인다. 타의가 아닌 자의로 세상, 교회, 가정에서 섬길 대상을 찾아 섬겨보자. 섬김은 하나님을 기쁘시게 하는 일임을 잊지 말자(롬 14:18).

• 가정에서 역할을 분담해보자

가족들이 공동으로 섬기는 일 외에 각자의 능력이 필요한 영역이 있다. 큰아이는 요리, 둘째 아이는 안마, 셋째 아이는 걸레질, 막내는 신발 정리 담당이다. 내가 잘할 수 있는 것을 찾아서 역량을 발휘해 섬기면 된다.

• 자발적으로 섬길 수 있는 영역을 찾아보자

지하철에서 자리 양보하기, 부모님 안마해 드리기, 커피 타드리기, 동생의 이부자리 정리해주기, 동생 머리 말려주기, 양말 찾아주기, 우산 갖다 주기 등 찾아보면 섬김의 영역이 참 많다.

• 마음을 다하고 뜻을 다해 예수님을 섬기자

자신을 내어주시기까지 우리를 섬겨주신 예수님에게 받은 사랑을 기억하며 온 마음과 정성을 다해 주님을 섬기는 가정이 되자(요 12:26).

어른부터 아기까지 친구가 되자

지혜로운 자와 동행하면 지혜를 얻고 미련한 자와 사귀면 해를 받느니라 잠 13:20

홈스쿨링을 한다고 하면 대부분 우려하는 부분이 '사회성 결여'이다. 외부와 단절하고 공동체 생활을 하지 않는다고 생각하는 선입견이 낳은 염려에서다. 미리 결론을 얘기하면, 첫 아이가 네 살이던 무렵부터 12년째 홈스쿨링을 해오면서 아이들의 사회성 때문에 문제를 겪어본 일은 단 한 번도 없다. 오히려 다양한 공동체 안에서 한 구성원으로 조화롭게 잘 성장하는 모습을 본다.

사회성을 염려하는 또 다른 시선 중에 학연이나 지연을 걱정하기도 한다. 아직은 이 사회가 여러 관계로 얽혀 있는 문화이기에 중요하지 않다고는 할 수 없으나 이 또한 편협한 생각이 주는 염려라고 말하고 싶다.

우리 아이들에게는 갓난아기부터 할아버지, 할머니 등 다양한 연령의 친구들이 있다. 마음만 먹으면 남녀노소 누구나 친구가 될 수 있다. 다양한 연령의 많은 사람을 만나다 보니 맞춤형 눈높이 만남이 가능하다. 또래 문화를 통해 한정적으로 얻게 되는 사회성에 비하면 자율적이고 자유로운 인간관계를 통해 모든 세대를 아우르는 사회성이야말로 진정한 사회성이 아닐까 싶다.

친구라는 뜻이 나이가 비슷하거나 아래인 사람을 낮추거나 친근하게 이르는 말이기도 하지만 '오래 두고 가깝게 지낸 벗'을 말하기도 한다. 우리 집 사 남매에게는 이런 어른 친구가 많다. 그러다보니 다양한 분야와 연령의 어른과 함께하는 자리에서 얻는 지혜와 충고는 값을 지불하지 않고도 얻는 삶의 귀한 자원이 된다. 어른 친구들을 통해 자연스레 훈련되는 경청의 습관으로 예의를 갖춘 또 하나의 인격체로 성장할 수 있음을 기억하자.

또한 자신보다 어린 친구는 보호하고 섬겨야 할 대상임을 잘 알기에 각종 놀이와 이벤트로 친구 삼고 골목대장 노릇부터 든든한 리더 역할까지 감당한다.

아이들이 내 베스트 프렌드를 물으면 특정 인물을 거론하기도 한다. 내게도 오랜 시간 가깝게 지낸 최고의 벗이 있다. 힘들 때나 기쁠 때나 언제든지 찾아가도 부담 없고, 숨김없이 모든 것을 털어놓아도 부끄럽지 않고, 후련하게 해주고, 내 연약함과 허물을 다 덮어주고 사랑으로 품어주고, 내 눈물과 수고를 위로해주고 힘을 주는 유일한 친구, 바로 예수님이시다.

내 베스트 프렌드지만 아이들의 베스트 프렌드가 되도록 친구를

소개해주자. 아기부터 어른까지 많은 사람을 만나고 소통하며 서로
다른 생각과 의견들을 받아들이도록 다양한 연령의 친구를 만들어
주되 예수님이 자녀들의 가장 친한 친구가 될 수 있도록 인도하자.

엄마표 신앙교육 다양한 친구를 만들어 주자

- 어른들과 함께하는 자리에 동석하자

  귀한 자리에 아이들과 함께하는 것이 불편한 것은 사실이다. 여러
  가지 신경 쓰이고 에너지를 쏟게 되지만 그 이상으로 얻게 되는 것
  이 많다. 자연스럽게 예의를 배우고 어른들의 대화 속에서 삶의 지
  혜와 경험을 얻게 된다. 어른들이 있는 곳에 아이들을 기꺼이 데려
  가자(욥 12:12).

- 가족모임에 적극 참석하자

  명절 외에 1년에 한 번 외가쪽 육 남매 가족 모임이 있다. 외할머
  니를 비롯해 삼촌 할아버지, 이모 할머니 등 대가족이 만나는 자리
  임에도 아이들이 그날을 기다린다. 온 가족이 함께하는 자리는 또
  다른 배움의 자리이자 소통의 시간이다. 세대 차이의 간극을 줄일
  수 있는 자리는 꼭 함께하자. 가족모임은 그 자체만으로 행복과
  추억이 쌓이는 시간임을 기억하자.

• 교회생활에 적극 동참하자

교회는 다양한 연령이 모여 있는 은혜의 공동체다. 공동체 안에서 누리는 사랑이야말로 그 어떤 값으로 지불할 수 없는 지혜를 얻는다. 교회에서 다양한 봉사와 모임을 통해 섬김과 사랑을 배우도록 하자.

사랑하고 축복해요

새 계명을 너희에게 주노니 서로 사랑하라 내가 너희를 사랑한 것같이 너희도 서로 사랑하라 너희가 서로 사랑하면 이로써 모든 사람이 너희가 내 제자인 줄 알리라 요 13:34,35

"어머니, 지금 가세요? 조심해서 잘 다녀오세요. 사랑하고 축복해요. 이따가 봐요."

주차장에서 놀고 있던 둘째 아이가 차로 달려와 인사를 건넸다.

"사모님, 조심해서 잘 다녀오세요. 사랑하고 축복해요. 이따가 봐요."

앵무새처럼 따라하는 친구 때문에 웃음이 터졌다. 둘째 아이가 부모님에게 하는 게 좋아 보여서 집에서도 똑같이 한다며 내게 선보였다. 사랑은 고여서 썩는 법이 없다. 흘려보내는 사랑은 더 아름답고 풍성하게 또 다른 곳으로 흘러간다.

사 남매를 보고 있으면 어릴 때 키우던 강아지가 생각난다. 발자국 소리에 부리나케 달려와 꼬리를 흔들던 강아지처럼 현관 번호 키 눌러지는 소리가 무섭게 우르르 달려가 아버지에게 매달리고 끌어안고 한바탕 진한 환영식을 거쳐야 흩어진다. 아버지보다 덩치가 커진 첫째 아이가 달려들 때는 심호흡을 크게 한 번 하고 충격을 흡수할 준비 후 맞아야 한다.

외출할 때도 아이들이 습관적으로 반복하는 행동 패턴이 있다.

"사랑하고 축복해요. 이따가 봐요. 조심히 잘 다녀오세요."

포옹과 뽀뽀로 마무리하는 이 시간을 아이들은 줄서서 기다린다. 누가 시키지 않아도 경쟁하듯 달려드는 아이들에게 가끔은 시간 없음을 핑계 삼아 뿌리치기도 하지만, 나올 때 마음이 행복으로 가득해 발걸음도 가볍다.

일상의 반복이기에 감사를 놓칠 때도 많지만, 언제나 환영받는 부모라는 것이 얼마나 큰 은혜이고 감사인지, 그 고마움을 마음에 차곡차곡 쌓아 두고 있다. 사실 부모가 주는 사랑보다 아이들에게 받는 사랑이 훨씬 더 크다. 우리 집에는 사랑쟁이 자매들과 감동 이벤트 달인 형제들이 있다.

사랑쟁이 자매들은 하루도 빠짐없이 수시로 사랑을 전해온다. 스티커, 쪽지, 편지, 그림, 사랑의 하트 댄스 등 사랑의 재료도 아주 다양하다. 감동 이벤트 달인 형제들은 부모님의 생일, 결혼기념일뿐 아니라 수시로 크고 작은 이벤트를 열어 감동을 선사한다. 편지, 용돈, 요리, 직접 만든 노래와 공연까지 형제들의 마음 담은 이벤트로 사랑을 전해준다. 예수님에게 배운 값없이 주는 사랑을 아이들이 더 많이 실천하는 것 같다. 사 남매를 통해 풍성한 사랑을 누리게 하시니 무엇이 더 필요할까 싶다.

사랑은 표현해야 한다. "열 길 물속은 알아도 한 길 사람 속은 모른다"라는 말이 있듯이 표현하지 않는 사랑은 상대방이 알 수가 없다. 말 안 했는데도 내 마음을 알아줄 분은 하나님밖에 없다. 가장 가까이에 있는 가족을 소홀하게 대하면서 다른 사람에게 사랑을 흘려보낼 수는 없는 법이다.

표현이 서툴고 어색해도 서로 사랑하고 존경하는 법을 배우고 가르쳐야 익숙해지고 나눌 수 있다. 첫째 아이는 엄마 무릎에 누웠을 때 얼굴을 쓰다듬어주면 이 세상을 다 얻은 얼굴로 품속을 파고들며 행복해한다. 둘째는 자신의 이야기를 마음 다해 들어주고 공감해줄 때, 잠들기 전 진하게 뽀뽀해줄 때 사랑을 느낀다. 셋째 아이는 아침에 일어나자마자 꼭 안아주고 잘 잤냐고 물으며 뽀뽀해줄 때, 막내는 끌어안고 쪽쪽거리며 뒹굴 때다.

사람마다 사랑을 받는다고 느끼는 코드가 다르다. 아이들도 그렇다. 내가 원하는 방식의 사랑이 아닌 상대방이 느낄 수 있는 눈높이 사랑으로 필요를 채워주자. 사랑은 하나님께 속한 것이니 그 사랑을 배우면 된다. 우리를 먼저 찾아와주시고, 나보다 나를 더 사랑해주시며, 원수까지 사랑하시는 그 사랑으로 아이들에게 사랑을 흘려보내자.

하나님이 우리를 사랑하시는 사랑을 우리가 알고 믿었노니 하나님은 사랑이시라 사랑 안에 거하는 자는 하나님 안에 거하고 하나님도 그의 안에 거하시느니라 요일 4:16

엄마표 신앙교육 우리도 서로 사랑하자

• 매일 매일 사랑하자

내 책상 앞에 '다시는 오지 않는 소중한 하루, 후회 없이 행복하게' 라는 문구의 액자가 있다. 오늘이 마지막인 것처럼 사랑하자. 사랑은 주님이 주신 최고의 선물이니까. 예수님의 사랑으로 매일 매일 사랑하도록 노력하자(요일 4:11).

• 존재를 인정하고 환대하자

"얘들아, 아빠 오셨다."

"얘들아, 아빠 가신다."

사 남매에게 어른을 공경하는 마음을 가르쳐주려고 어릴 때 단순한 인사로 시작했던 훈련이었지만 아이들의 사랑이 담겨 진심 어린 환대로 이어질 수 있었다. 환대는 상대를 존귀하게 여길 때 이루어진다. 누군가 우리 집을 방문했다면 꼭 환영하고 환대하도록 하자. 짧은 만남이라도 예수님의 사랑이 흘러간다면 이보다 더 좋을 순 없다(요일 4:7,8).

• 받은 사랑을 되돌려주자

아이들은 아침부터 잠자리에 들기까지 다양한 도구와 비언어적인 요소들로 사랑을 표현해 온다. 일상에서 놓치는 것들이 너무 많지만 하루 동안 받았던 사랑을 잠자리에 들기 전에 돌려주자. 마음을 녹여낸 포옹과 축복기도면 충분하다. 아이들은 세상을 다 가진 행복한 마음으로 잠자리에 들 것이다.

• 아이들의 사랑을 소중히 간직하자

나는 지금껏 아이들에게 받은 사랑의 메시지들을 하나도 버리지 않았다. 작은 스티커와 쪽지들, 그려온 그림과 편지 등 남길 수 없는 것들은 사진으로 찍어서라도 보관했다. 수시로 가져오는 쪽지와 그림이 하찮게 여겨질지라도 아이들은 그곳에 마음과 사랑을 담아서 온다. 어느 것 하나 소중하지 않은 것이 없다. 아이들의 사랑을 버리지 말고 소중하게 간직하자.

모험과 신비가 가득한 나라, 아빠 월드

다둥이 가정의 많은 장점 중 하나는 함께 놀 수 있는 구성원에 있다는 것이다. 우리 가정은 짝수도 맞고 성비도 맞다보니 편을 나누어 놀기에 적합하다. 첫째와 둘째는 어렸을 때는 놀이터에서 살다시피 했다. 두 아들의 에너지를 빼려면 해 뜰 때 나가서 땀으로 범벅되어 해 질 녘 집으로 돌아오는 일이 다반사였다. 두 딸과는 놀이터 가는 일이 현저하게 줄었다. 여동생들을 커버해주는 든든한 오빠들 덕분이기도 하고 우리 집엔 특별한 놀이터가 있기 때문이다.

일 년에 한두 번 방문할까 말까 하는 테마파크 놀이동산이 우리 가정엔 '아빠 월드'라는 이름으로 있다. 남편은 살신성인으로 무장하고 온몸으로 아이들과 놀아준다. 등만 보이면 미끄럼틀인 양 올라타는 아이들에게 아빠만의 각종 놀이기구를 선보여 함께 뒹군 시간이 아이들에겐 어디에도 없는 최고의 놀이동산이 되었다. 아빠 월드엔 없는 놀이기구가 없다. 바이킹, 회전 비행기, 자이로드롭, 흔들 그네 등 남편의 팔과 다리는 최상의 놀이기구로 변신한다.

이를 지켜보시는 양가 어머니는 "아빠 좀 그만 괴롭히라"라고 아우성이시지만, 정작 남편은 아빠 월드를 자청하며 매일 놀이동산을 개장했다. 감기몸살로 누워 아빠 월드가 휴장했던 날, 셋째 아이가 많이 울었다.

"아버지가 걱정이 돼요. 저 때문인 것 같아요. 아버지를 너무 힘들게 한 것 같아요."

약 먹고 잠든 아버지를 위해 기도하며 하는 말이었다. 누군가 "아빠가 좋아? 엄마가 좋아?"라고 물으면 한 치의 망설임도 없이 "아빠"라고 대답하는 아빠 바보 셋째. 셋째 아이에게 아빠는 큰 나무이자 시원한 그늘이고 따뜻한 햇살이다. 부녀가 만나면 눈에서 꿀이 뚝뚝 떨어진다.

연애할 때도 보지 못했던 하트 눈빛을 딸들에게 선보이는 남편이 가끔 얄밉기도 하지만, 두 딸의 사랑을 한 몸에 받는 딸 바보 남편이 행복해서 나도 참 좋다. 놀이동산 사정으로 며칠 쉬었던 아빠 월드가 다시 개장하던 날, 우리 집 거실은 아이들의 웃음소리로 가득 찼다. 아버지와 함께했던 추억과 기억들은 가슴과 머리에 남았고, 몸으로 놀았던 기억은 몸이 기억하는 아들들이다.

지금은 오빠들이 '오빠 월드'를 자청한다. 아버지보다 더 덩치가 커진 큰 오빠는 아빠 월드보다 업그레이드 된 테마파크를 소유하고 있기에 동생들에게 인기 만점이다. 첫째와 둘째가 유치부에서 가장 인기 있는 형들인 이유이기도 하다. 부모가 보여주는 삶은 고스란히 자녀에게 흘러가는 것을 본다.

사실 남편은 아빠 월드 이전에 우리 집 성경놀이학교 담당이었다. 밤마다 아이들에게 성경 이야기를 들려주고, 어김없이 한 번 더 몸으로 놀아주었다. 어떤 날은 골리앗이 되어 물맷돌을 던져오는 다윗들을 상대하느라 백 번을 죽어야 했고, 어떤 날은 예루살렘에 입성하시는 예수님을 태운 어린 나귀가 되어 무릎이 까지도록 거실을 돌아다녔다. 또 어떤 날은 손수 인형들을 준비해 인형극을 보여주기도 했고, 아이들과 역할극을 하며 성경 이야기의 주인공으로 만들어주기도 했다. 남편의 헌신과 섬김을 통해 아이들이 성경 이야기를 더 좋아하는 계기가 되었음에 감사하다.

한번 지나면 오지 않을 아이와의 시간을 공유하며 행복한 추억을 쌓아야 한다. 아버지가 가정과 자녀에게 무관심한 경우에 자녀와의 관계가 소원해질 수밖에 없다. 물론 피곤한 몸으로 퇴근한 아버지가 편하게 쉬고 싶은 마음은 충분히 이해한다. 그러나 분명 아이들이 아버지의 몸과 마음을 필요로 하는 시기가 있고, 그 시간은 결코 길지 않다.

놀아달라고 조르는 아이에게 스마트폰을 쥐어주거나 TV를 틀어주는 것으로 아빠 자리를 대신하지만, 한번 내어준 자리를 다시 탈환하기란 쉽지 않음을 깨달아야 한다. 지금까지 남편과 사 남매가 끈끈하고 친밀한 관계를 유지할 수 있는 이유는 아이들 마음속에 있는 아버지의 사랑 탱크가 충분히 차 있기 때문이다.

아버지와의 소원해진 관계가 육신의 아버지로만 끝났다면 그나마 다행이지만, 아버지와의 단절된 관계로 인해 하늘 아버지께 나아가지 못하는 자녀들이 적지 않다. 아버지가 헌신하는 잠깐의 시간은 몇 배의 소중한 추억이 되어 행복한 아이들로 자라게 하는 자양분이 될 뿐 아니라 하늘 아버지께 더욱 가까이 나아가는 귀한 통로가 된다. 자녀가 건강하고 행복하게 성장하길 바란다면 바로 지금이 내 옆에 있는 아이에게 하나님의 사랑을 흘려보낼 때다.

너희가 악한 자라도 좋은 것으로 자식에게 줄 줄 알거든 하물며 하늘에 계신 너희 아버지께서 구하는 자에게 좋은 것으로 주시지 않겠느냐
마 7:11

• 우리 집만의 아빠 월드를 개장하자

연령도 성별도 다 다른 환경이지만, 자녀들의 특성을 고려한 우리 집만의 아빠 월드를 기획해보자. 많은 놀이기구를 준비하지 않아도 된다. 고무줄 하나만 있어도 충분한 놀잇감이 된다. 아빠를 필요로 하는 자리에 함께 앉아만 주어도 최상의 아빠 월드가 될 수 있음을 기억하자. 아이들의 웃음소리가 집 안을 가득 메우게 될 것이다.

• 스마트폰에게 부모의 자리를 내주지 말자

아빠를 생각했을 때 유튜브의 한 장면이 떠오른다면 이미 아빠의 자리를 상실한 셈이다. 아이에겐 반드시 필요한 부모의 자리가 있다. 그 자리를 다른 것으로 대체하지 말자. 아이가 원하는 것은 크고 대단한 것이 아니다. 부모의 작은 관심과 사랑이 아이의 몸과 마음을 크게 자라게 함을 잊지 말자. 아빠는 큰 나무이자 그늘이며 따뜻한 햇살이어야 한다.

• 성경 이야기를 읽어주고 놀아주자

매일이 아니어도 된다. 일주일에 한 번이라도 성경 이야기를 들려주고 몸으로 놀아주자. 아이들은 아빠의 목소리도 기억하지만 몸으로 놀아준 것들을 절대 잊지 못한다. 아빠의 작은 헌신과 섬김이 아이의 신앙도 자라게 할 뿐 아니라 하나님께 더 가까이 나아가는 귀한 통로가 될 것을 믿는다.

가족애로 똘똘 뭉치자

마른 떡 한 조각만 있고도 화목하는 것이 제육이 집에 가득하고도 다투는 것보다 나으니라 잠 17:1

놀이터에 놀러 갔다온 둘째 아이의 손에 고급 아이스크림 6개가 들려 있었다. 출처를 물으니 길에서 교회 대학부 청년을 만났다고 한다. 반가운 마음에 인사했고, 아이를 예뻐하던 청년이 아이스크림을 사주겠다고 슈퍼로 데려간 모양이었다. 그런데 자기만 아이스크림 먹는 게 미안해서 형에게 가족 수대로 다 사도 되냐고 물어봤단다. 할인 코너에 파는 하드 종류도 많은데 염치도 없이 굳이 비싼 고급 아이스크림만 제대로 골라왔다. 맙소사.

"아무리 그래도 그렇지, 이렇게 비싼 걸 가족 수대로 사오면 어떻게 해."

"형이 먹고 싶은 거 고르라고 했거든요. 그리고 가족 걸 다 사도 된다고 했어요."

"가족들 생각한 건 너무 고마운데, 다음에 이런 일 있을 땐 네 것만 사는 거야."

아이스크림을 고르고 있는 아이의 모습과 지켜보는 형제의 모습을 생각하니 웃지 못할 헤프닝이었다. 주일에 우연히 마주친 그 형제에게 미안한 마음과 고마움을 전했다.

"상당히 재밌는 아이더라고요. 조금 당황스럽긴 했는데 가족들 챙기는 걸 보면서 저도 그날 가족들에게 줄 아이스크림 사서 갔어요. 제가 한 수 배웠습니다."

생각할수록 웃픈 상황이었지만, 아이로 인해 형제의 마음이 감화되었다니 감사했다. 가족을 생각하며 골라온 아이스크림이 입 안에서 달콤하게 녹을 때 아이의 사랑도 우리 가슴에 녹아내렸다.

교회에서 달란트 잔치가 열리면 우리 집에서는 축제가 열린다. 누구를 불문하고 형제의 선물을 챙기는 것이 관례가 되었다. 대상을 생각하며 선물을 고르는 행복, 해본 사람은 다 안다. 나누는 기쁨과 받는 기쁨을 동시에 누리다 보니 너도나도 기쁨의 잔치가 되는 것 같다. 아이들이 나를 생각하며 고른 선물이 마음을 참 따듯하게 한다. 아이들이 건네는 꽃반지, 핸드크림, 볼펜, 핫 팩, 과자 등이 그 어떤 선물보다 좋다.

목회자 가정이고 우리의 앞길을 알 수 없기에 어떤 상황에서든 주님의 인도하심에 순종함으로 나아가기를 기도하고 있다. 앞으로의 사역을 놓고 남편이 두 아들과 이야기를 나눈 적이 있다.

"얘들아, 하나님께서 우리 가정을 이끄시는 대로 아빠 엄마는 순종하며 가야 해. 그래서 너희가 더 어려운 환경에서 더 힘들게 살아야 할지도 몰라. 많은 걸 포기해야 할 수도 있고, 할 수 있는 것보다 못하는 게 더 많아질지도 몰라. 아빠는 가장이기 때문에 너희들도 생각하지 않을 수가 없어. 그래서 너희한테도 의견을 물어야 하고 함께 고민하고 기도해야 해."

남편의 말이 떨어지자마자 기다렸다는 듯 두 아이가 말했다.

"저는 아버지가 신학을 하신다고 하셨을 때부터 무조건 아버지 편이었어요. 아버지께서 하시는 결정이면 무조건 따를 거니까 우리 걱정은 하지 마시고 무조건 뜻대로 하세요."

"아버지, 어차피 우리는 나그네 삶인데요 뭐. 저도 무조건 아버지 편이에요. 어딜 가든 뭘 하든 우리 가족 다 함께 있는 거잖아요. 그것이면 돼요."

아들들 말에 복받쳐 흐르는 눈물을 겨우 참았다. 보석 같은 지원군 덕분에 천군만마를 얻은 것보다 더 든든했고 큰 위로를 받았다.

가정은 하나님이 허락하신 최초의 공동체다. 우리 가족만 생각하는 가족 이기주의는 지양해야 함이 마땅하지만 하나님의 허락하신 가정이 화합하고 하나 되는 것은 주님이 기뻐하신다. 같은 마음을 품고 뜻을 같이하는 가족 공동체가 믿음 안에서 사랑으로 탄탄해야 맡겨주신 사명도 잘 감당할 수 있을 뿐 아니라 교회와 세상도 섬길 수 있다.

가정은 교향악단과 같다. 어느 한소리가 치고 나오면 아름다운 하모니를 이룰 수 없다. 지휘자이신 예수님의 인도하심에 따라 각자의 위치에서 겸손하게 가장 아름다운 소리를 내면 된다. 긴장과 갈등이 없을 수는 없지만 하나님이 묶어주신 공동체이기에 사랑으로 서로 용납하고 이해하며 화평을 이루도록 노력할 때 이 공동체를 사용하셔서 하나님나라를 이뤄 가실 것이다. 성령이 하나 되게 하신 가정을 힘써 지키자.

그러므로 주 안에서 갇힌 내가 너희를 권하노니 너희가 부르심을 받은 일에 합당하게 행하여 모든 겸손과 온유로 하고 오래 참음으로 사랑 가운데서 서로 용납하고 평안의 매는 줄로 성령이 하나 되게 하신 것을 힘써 지키라 엡 4:1-3

엄마표 신앙교육 하나님이 허락하신 가정임을 기억하자

• 가족은 같은 편임을 잊지 말자
"우리는 아군이야. 같은 편인 걸 모르고 서로 공격하면 전쟁에서 패하고 다 죽는 거야."
아이들에게 다툼이 있을 때 하는 말이다. 우리가 싸울 대상은 어둠의 세상 주관자들과 하늘에 있는 영들이다. 적을 제대로 볼 수 있도록 가르치자. 가족은 아군임을 잊지 않도록 늘 상기시키고, 하나님이 세워주신 믿음의 군대임을 잊지 말자(엡 6:12).

• 팀워크(team work)를 발휘하자
부모나 아이가 가끔 다른 사람 앞에서 웃음이나 가십거리로 가족

을 소재로 삼을 때가 있다. 순간 모든 사람이 웃지만 당사자는 수치심을 느낀다. 가장 가까이에 있는 가족이 치부를 드러내면 다른 사람도 그렇게 생각하고 대한다. 타인 앞에서 가족을 세심하게 배려하고 존중하자. 팀워크가 깨지면 공동체가 깨지는 것은 시간문제다(약 3:17,18).

• 성령의 열매를 맺는 가정이 되자

사탄은 원수 맺고 당 짓게 하여 미움, 다툼, 시기, 질투, 분쟁 등 육체의 일을 통해 가정을 분열하게 만든다. 이런 일을 하는 자들은 하나님나라를 유업으로 받지 못한다고 말씀하신다. 가정은 성령의 열매를 맺는 곳이 되어야 한다. 겸손과 온유로 하고 오래 참음으로 사랑 가운데서 서로 용납하여 화평케 하여 하나님의 아들이라 일컬음을 받는 가정이 되자(갈 5:22,23).

천국을 소유한 자녀로 키우자

오직 너희를 위하여 보물을 하늘에 쌓아 두라 거기는 좀이나 동록이 해하지 못하며 도둑이 구멍을 뚫지도 못하고 도둑질도 못하느니라 네 보물 있는 그 곳에는 네 마음도 있느니라 마 6:20,21

"아빠, 엄마랑 사는 게 행복하니?"

"네~."

"사고 싶은 것도 다 못 사잖아."

"그러니까 기대감이 높아져요. 사고 싶은 것 다 사면 기대감이 없어지잖아요. 가끔 사는 것도 장점이 있어요."

많이 누리고 싶고 갖고 싶은 나이임에도 불구하고 철든 아이처럼 이야기하는 아이들에게 미안할 때가 많다. 아이들이 많고 풍족하지 않다 보니 요구를 다 들어줄 수가 없다. 되는 것보다 늘 안 되는 것이 더 많은 우리 집에서 아이들은 스스로 살아가는 법을 배우고 있는 듯하다.

사춘기에 접어든 큰아이가 외출했다 돌아오면서 분양 전단지를 한 장씩 들고 들어오던 때가 있었다. 제법 큰 평수를 보이며 이 정도 집에 살려면 얼마나 있어야 하는지, 언제쯤 자기 혼자만의 방이 생기는지에 대한 궁금증 등 여느 사춘기 아이들이 고민할 만한 것들을 물어오곤 했다.

"걱정하지 마! 이미 천국엔 널 위한 큰 방이 예비되어 있어! 천국에 가기만 하면 돼."

그때마다 농담처럼 아이에게 던진 말이지만 천국을 사모하고 소망하는 우리이기에 진심을 담아 전한 말이기도 했다.

"아버지, 집사, 전도사, 목사 이제 할 만큼 다 해보셨으니 이제 목사 그만하시고 집사로 다시 돌아갑시다. 그래야 우리도 집을 사죠."

둘째 아이의 아재 개그에 가족 모두 웃음바다가 되었다. 나라에서 제공하는 임대 아파트에서 살면서 하나님의 방법으로 살아가는 법을 많이 배우게 하셨던 시기도 있었다.

　그때는 재활용 수거가 있는 날이면 남편과 함께 늦은 밤 작업에 들어갔다. 멀쩡한 가구가 버려져 있기도 했고, 책이며 장난감이며 재활용으로 나온 물건들이 제법 쓸 만한 것들이 많았기 때문이다. 우리의 필요를 채우시는 하나님께 감사하며 필요한 것들을 갖다 놓곤 했다.

　"우와! 이거 어디서 났어요? 또 하나님이 우리 주신 거예요?"

　아이들도 하나님의 공급하심을 익히 잘 알기에 거부감 없이 잘 받아들였다. 어느 날은 놀이터에 놀러갔던 삼 남매가 땀을 뻘뻘 흘리며 9층까지 뛰어 올라왔다. 엘리베이터를 기다릴 틈조차 주지 않을 만큼 뭔가 긴박한 상황이 생긴 줄 알았다.

　"어머니, 빨리 내려와 보세요! 빨리요! 빨리요!"

　"왜? 무슨 일인데?"

　"밖에 누가 3인용 소파를 내놨는데 누가 가져가기 전에 빨리 가져와야 해요. 빨리요."

　"엥? 3인용 소파를 우리가 어떻게 가지고 와. 아버지 오실 때까지 기다리든지 해야지."

　"그 전에 누가 가져가면 어떡하라고요?"

　"어쩔 수 없지. 그럼 우리 것이 아닌 거니까 그냥 포기해."

　큰아이가 아홉 살, 둘째가 일곱 살, 셋째가 네 살 때 일이다. 어린 삼 남매와 3인용 소파를 가져오는 것도 무리였지만, 사실 대낮에 모두의 시선을 받아가며 갖고 온다는 사실이 마음에 내키지 않았다.

둘째와 셋째는 아쉬워하며 돌아섰다. 그런데 눈물을 글썽인 채로 현관 앞에 서서 소리치는 큰아이를 외면할 수가 없었다.

"어머니, 진짜 후회하실 지도 몰라요. 소파 상태가 너무 좋단 말이에요."

그렇게 대낮 3시에 막내를 업고 삼 남매와 함께 작업에 들어갔다. 어디서 그런 초인적인 힘이 나왔는지, 그 무거운 소파를 9층까지 무사히 옮겨 거실에 놓았다. 큰아이의 말대로 거의 새 것처럼 깨끗하고 예쁜 소파였다. 저녁에 퇴근하고 온 남편이 거실에 놓인 소파를 보고 까무러쳤다. 남편에게 자초지종을 설명하려는 찰나에 둘째가 끼어들었다.

"아버지, 이거 하나님이 주셨어요. 어머니가 시온이 낳고 수유할 때 힘든 거 아셨나 봐요. 엄청 좋죠? 완전 새 거예요."

'그랬구나, 아이들이 소파를 보고 엄마를 생각한 거였구나. 그래서 조이가 그렇게 마음이 급한 거였구나.'

둘째의 말과 아이들의 마음 씀씀이에 눈물을 감추느라 혼났다. 그렇게 우리 집에 고급 3인용 소파가 들어오게 되었고, 나는 편하게 수유할 수 있는 은혜를 누렸다.

한 번은 형제들의 책상이 필요한 무렵이었다. 새 것처럼 멀쩡한 독서실 책상이 2개가 나와 있었다. 마음은 당장 옮겨놓고 싶었지만 주일에 교회 가는 길이었기에 마음속으로만 찜해두고 돌아올 때까지 있기를 바랐다.

"하나님, 제발 우리가 돌아올 때까지 책상이 그대로 있게 해주세요. 꼭이요."

아이들의 기도를 뒤로하고 저녁예배를 마치고 온 시간이 밤 10시
쯤이었음에도 책상이 그대로 있었다. 아이들은 자기의 기도 응답이
라고 좋아했고, 함께 일사불란하게 작업에 들어갔는데 바로 눈앞에
서 어떤 모자가 책상 하나를 옮겨가는 중이었다.

"어, 그건 우리가 가져가려고 아침부터 찜해둔 거예요."

둘째 아이의 말에 하나만 가져갈 거니까 하나는 가져가도 된다고
친절하게 말씀하셨다.

"저희 두 명이라 두 개 다 필요하거든요."

아이의 말에 난색을 표하며 대학생으로 보이는 아들을 설득하셨
지만 학생은 자기도 필요하니까 가져가는 거라고 책상을 가지고 유
유히 사라졌다. 아주머니는 미안하셨는지 계속 뒤를 돌아보시며 나
머지 책상을 옮기는 우리를 지켜보셨다.

아쉽긴 했지만 채워주신 하나님께 감사하며 남편에게도 소식을
전했다. 교회에서 마무리를 하고 늦게 도착한 남편이 책상 하나를
들고 들어와서 깜짝 놀랐다.

그 책상은 다름 아닌 우리가 가져오려고 했던 2개 중 하나였다.
어떻게 된 일인지 자초지종을 들어보니 책상을 가져갔던 대학생이
마음에 걸렸던 모양이다. 우리가 들어가는 동은 지켜봐서 아는데 호
수를 모르니 1층 엘리베이터 옆에 책상을 놓고 쪽지를 붙여 놓았다.
호수를 몰라 전달 못 하고 그냥 두고 간다고 아이들이 썼으면 좋겠
다는 내용이었다. 이 일을 두고 아이들이 하는 말이 가관이었다.

"하나님은 진짜 멋지지 않아요? 우리가 두 개 다 갖고 오기 힘든 거 아시고 그 형을 부르셨고, 여기까지 옮겨 주게 하신 거잖아요."

마음 착한 대학생 형 덕분에 두 형제는 사이좋게 나란히 책상을 사용할 수 있는 은혜를 누렸다. 그 일을 통해 아이들이 하나님의 공급하심과 채워주심을 맘껏 경험하고 응답의 기회가 되었음에 감사한 시간이었다.

부유한 사람은 많은 소유를 가진 자가 아니라 있는 소유에 만족하는 사람이다. 수백억 원을 가져도 만족하지 못하면 부유한 사람이 아니다. 가난한 삶이지만 적은 소유에도 감사할 때 세상을 행복하게 사는 부유한 삶인 것이다.

사 남매는 이미 부유한 삶을 살고 있다. 천국을 소유했기 때문이다. 주어진 환경에 불평하지 않고 늘 하나님의 공급하심에 감사하며 살 수 있는 것 또한 은혜인 줄 믿는다.

구차한 살림이지만 쪼들려 보이지 않는 것도 있는 것에 만족하며 살려고 애쓰는 마음이 녹아져 여유롭게 보이는 이유일 거라고 생각한다. 우리 가정이 비록 이전의 삶보다 좀 더 좋은 환경에서 살게 된 건 사실이지만 하나님께서 약속하신 땅은 여기가 끝이 아니다. 더 사모하고 기도하며 나아가야 할 약속의 땅은 사실 따로 있다. 더 좋은 집도, 더 넓은 평수의 아파트도 아닌 바로 영적 가나안이다.

하나님이 함께하시고 하나님의 축복과 은혜가 있는 행복한 약속의 땅 가나안. 감사와 사랑으로, 희생과 겸손으로, 부드러움과 성실함으로 모든 사람과 합력하여 선을 이루는 땅. 욕심, 정욕, 교만, 불안, 게으름, 원망이 소멸되는 땅. 예전에 그 어두웠던 애굽 문화와 갈대아 우르의 문화를 벗어나 진정한 승리의 땅 가나안으로 입성하는 것이 우리 가정의 최종 목표다.

젖과 꿀이 흐르는 땅, 축복의 땅, 그 거룩한 땅에 우리 가정과 모든 가정이 꼭 입성하기를 소망하며, 이 은혜의 땅에서 여전히 하나님을 예배하고 감사하며 하나님만 섬기는 가정이 되게 하시는 하나님께 감사드린다. 그리고 여전히 늘 감당할 수 없는 큰 은혜로 함께해 주시고 날마다 놀라운 기적을 만들어 새로운 역사를 써가시는 하나님께 모든 영광을 올려드린다.

> 나의 하나님이 그리스도 예수 안에서 영광 가운데 그 풍성한 대로 너희 모든 쓸 것을 채우시리라 빌 4:19

엄마표 신앙교육 주님과 동행하는 곳이 하늘나라

• 내 주 예수 모신 곳이 그 어디나 하늘나라

나는 결혼 후 2년마다 이사다녀야 했고, 이사한 집에서 한 명씩 출산을 했다. 셋째 출산 후엔 한 달 만에 쫓겨난 일도 있다. 10평도 안 되는 집에서 물이 범람했던 반지하를 거쳐 녹물이 나오는 30년 된 구옥을 지나, 재건축을 앞두고 쓰러져가는 임대 아파트를 넘어 380:1의 경쟁률을 뚫고 입성한 임대 아파트에서 사택까지 아이들과 함께하는 많은 고난의 시간이 있었다.

하지만 감사의 예배가 쌓였고 무엇보다 예수님이 우리와 함께하셨기에 그곳이 천국이었음을 고백한다. 환경이 중요하긴 하지만, 그것을 뛰어넘을 수 있는 이유는 내 주 예수 모신 곳이 그 어디나 하늘나라이기 때문이다. 주님을 모신 곳이 천국임을 기억하자.

• 주님의 공급하심과 채우심을 가르치자

결혼과 동시에 나눔의 법칙을 배우게 하셨고 하나님의 공급하심과 채우심을 가르치셨다. 우리 가정에 흘려보내주시는 하나님의 은혜를 일찌감치 아이들과 나누며 감사하고 있다. 이 땅의 모든 것이 주님의 것임을 가르치자. 우리의 필요를 아시고 채우시는 주님의 은혜를 경험하며 살도록 하자. 일만 번 기도 응답을 받았던 죠지 뮬러 못지않은 기도의 용장들이 세워질 것이다(눅 12:28-30).

우리 가정만의 문화를 전수하자

이는 네 속에 거짓이 없는 믿음이 있음을 생각함이라 이 믿음은 먼저 네 외조모 로이스와 네 어머니 유니게 속에 있더니 네 속에도 있는 줄을 확신하노라 **딤후 1:5**

"애들아, 모여! 우리는 어머니보다 무조건 많이 낳아야 하니까 다섯 명씩은 낳을 거야. 너희들도 그렇게 알고 있어."

큰아이가 동생들에게 으름장을 놓으며 한 말이다. 예전에 열 명은 낳고 싶다는 포부를 밝혔었는데 내가 만류했다. 엄마가 아무리 믿음이 좋아도 열 명 낳는 며느리는 구하기 힘들 것 같다고 계획을 변경하자고 했더니 반으로 잘라 수정한 모양이다. 다섯 명 낳는 며느리와 사위 주시길 지금부터 간절히 기도해야 할 듯하다. 주여!

네 명이 다섯 명씩의 손주를 안겨주면 스무 명이다. 그 손주들이 또 몇 명씩 낳다 보면 몇 대 걸치지 않아 우리는 엄청난 부락을 이루며 살지 않을까? 동생이 많아 치일 듯도 할 텐데, 다자녀 양상도 유업이 되니 신기할 따름이다. 전통적인 문화의 형식은 윗세대를 통해 아래세대로 전수되었지만, 작금의 세대가 경험하는 문화는 다양한 매체나 경로를 통해 전이되거나 독특한 영역이나 환경을 통해 생성되고 있다.

이로 인해 세대 간의 간극은 더 벌어지고 이질적인 문화를 서로 거부하며 소통하지 못하는 상황이다. 하지만 믿음의 가정은 마음을 같이하여 같은 사랑을 가지고 뜻을 합하며 한마음을 품어 그리스도 예수 안에서 소통하고 공유하며 각 가정만의 가풍과 문화를 만들어 가야 한다.

가치관 형성과 정체성은 속한 문화 속에서 생성되기에 가정 안에서 신본주의 교육과 올바른 가치관, 기독교 문화를 친밀한 관계 속에서 전수해야 다음세대로 자연스럽게 이어질 수 있다.

"얘들아, 이다음에 결혼하고 아기 낳으면 너희 아이들한테 말씀

심을 거야?"

사실 이 질문을 할 때 두렵고 떨리는 마음이었다.

"저희가 얼마나 힘들게 암송을 했는데, 이걸 또 하라고요? 저희는 절대 안 할 거예요. 강요하지 마세요."

제발 이런 말을 듣지 않기를 마음속으로 소망하며 간절히 바랐다. 아이들의 대답은 이랬다.

첫째, "어머니, 당연히 저희도 말씀을 심을 거지만요. 꼭 오래오래 살아서 로이스 할머니처럼 저희 아이들한테도 말씀을 심어주세요. 증손자, 고손자까지요. 절대 먼저 천국 가기 없기예요."

둘째, "어머니, 그냥 동생 하나만 더 낳아 주시면 안 돼요?"

셋째, "저는 어머니처럼 꼭 암송태교 할 거예요. 태어나서 8개월 되면 창세기 1장 1절부터 가르쳐주려고요."

막내, "난 결혼 안하고 엄마랑 아빠랑 살 거예요."

아이들의 말에 지금까지의 수고가 헛되지 않았음에 큰 위로가 되었을 뿐 아니라 예비 말씀 심는 아빠 둘, 말씀 심는 엄마 둘을 양성하고 있음에 감사하고 행복했다.

우리 가정만의 문화를 만들기 위해서는 삶 속에서 경건의 훈련들과 거룩한 습관, 올바른 가치관을 세우고 몸과 마음과 영혼을 함께하며 부모와 자녀가 서로 원활하게 상호작용하는 관계가 중요하다. 한 사람의 노력이 아닌 가족 구성원 모두의 노력과 변화로 문화를 만들어갈 수 있기 때문이다. 먼저 우리 가정을 대표하는 키워드를 만들어보자.

우리 집은 말씀암송과 가정예배다. '우리 가정' 하면 떠오르는 키워드가 있어야 한다. 우리 가정만의 말씀과 찬양도 정해보자. 그 말씀을 암송할 때마다 또 찬양을 부를 때마다 행복한 우리 가정의 모습이 떠오른다면 평생 지워지지 않는 아름다운 문화를 전수하는 셈이다.

그리고 우리 가정만의 문화를 만들어가자. 몸과 마음으로 함께 소통하고 공유할 수 있는 다양한 문화를 만들어 자녀들과 함께할 때 믿음의 세대가 굳건하게 세워질 뿐 아니라 다음 세대를 잃지 않는 은혜를 경험할 줄 믿는다.

엄마표 신앙교육 가정 문화를 만들자

• 가장 중요한 우선순위, 믿음과 신앙을 전수하자

거짓이 없는 믿음을 소유했던 디모데에게는 어머니 유니게와 외조모 로이스가 있었다. 믿음과 신앙은 유전이 아니다. 전수하고 계승되어야 할 유업이다. 자녀에게 유업으로 가장 먼저 전수되어야 할 복음을 전함에는 부모의 노력과 함께 전적인 하나님의 은혜와 성령님의 도우심이 필요하다. 부모가 먼저 굳건한 믿음의 반석 위에 서자. 그리고 맡겨주신 자녀에게 말씀을 심고 성경을 먹이며 기도를 입혀 하나님의 군사로 세워나가자.

• 우리 가정만의 말씀과 찬양을 만들자

연말이 되면 한 해 동안 부어주셨던 은혜와 부족함들을 나누고 다음 해를 위한 도약의 가정예배를 드린다. 새로운 한 해를 위한 말씀을 선정하고, 우리 가정만의 표어를 만들고, 신덕지체 영역에서 발전해야 할 부분에 대해 계획하고 결단하며 기도의 시간을 갖는다. 우리 가정만의 표어, 말씀, 찬양을 선정해보자. 그리고 한 해 동안 풍성한 은혜로 함께하실 주님을 기대하고 기도하며 하루하루 예배로 나아가자.

• 다양한 데이트 시간을 만들어 보자

가장 우선순위를 두는 데이트는 부부 데이트다. 아이들이 제법 컸기에 부부 데이트를 종종 즐긴다. 둘만의 데이트를 아이들이 제일 부러워한다. 그리고 사 남매의 엄마이다보니 아이 한 명 한 명에게 집중할 수 있는 시간이 그리 길지 않다. 아이들도 잘 알기에 기회다 싶으면 무조건 데이트 시간으로 삼는다.

우리 집엔 다양한 데이트 시간이 있다. 일명 외동아들 놀이, 외동딸 놀이는 엄마랑 단둘이 있게 되는 하루일 때 아이들이 원하는 것을 하고 맛난 것도 먹는 데이트인데, 아이들이 간절히 기다리는 1순위 데이트다. 1분 데이트도 있다. 잠깐 주어지는 짧은 시간이지만 그 시간을 최대한 활용하는 데이트다. 분리수거 데이트, 음식물 쓰레기 데이트도 있다. 같이 쓰레기를 분리하면서 둘만의 비밀 대화가 오가는 데이트다.

그밖에 도서관 데이트, 마트 데이트, 병원 데이트 등이 있는데 일부러 한 명씩만 데려갈 때가 있다. 둘이서만 손잡고 왕복하는 그 시간이 아이들에겐 최고로 행복한 시간인 걸 알기에 몸은 하나지만 어떻게든 마음을 골고루 나눠주려고 노력하고 있다.

자녀가 한 명일 경우엔 충분한 사랑을 줄 수 있지만 둘 이상이라면 꼭 아이와 단둘이 데이트하는 문화를 만들어보자. 아이에게 행복한 선물이 될 것이다.

• 온 가족이 함께 자는 날을 정하자

좁은 집에 살 땐 모두가 한 방에서 뭉쳐 잤던 기억이 많지만 아들들, 딸들끼리 각 방을 쓰면서 자연스럽게 흩어지게 되었는데, 이제는 아이들이 알아서 함께 자는 날을 정해 모인다. 사 남매가 거실에 함께 누워 있는 모습이 풍성하고 사랑스럽지만 희희낙락거리느라 취침시간이 지연되는 단점과 부모님과 함께 자는 날이면 서로 옆에 누우려고 자리 쟁탈전이 벌어지는 부작용도 있다. 그러나 이 또한 아이들에게 소중한 추억이고 행복임을 안다. 아이들과 일상의 소소한 추억을 쌓아가자. 이러한 추억이 또 다른 문화를 만들 테니까.

• 이동하는 차 안을 놀이터로 만들자

양가 모두 지방이다보니 장거리를 운전해서 가야 할 때가 많다. 무료하고 심심한 이동시간을 그냥 둘 리 없다. 그 시간은 여러 가지 놀이로 추억 쌓기가 가능한 시간이다. 라디오 놀이, 스무고개, 369 게임, 시장에 가면, 돌아가면서 이야기 짓기, 퀴즈 맞추기, 뮤지컬처럼 노래 부르면서 말하기, 전주 듣고 음악 맞추기.

아이들은 끊임없는 놀이를 만들어내고 그곳에 부모를 초청한다. 부모가 할 일은 아이들의 초청에 응하는 것 뿐이다. 이동하는 차 안을 신나는 놀이터로 만들자. 연령이 다양해도 충분히 가능한 놀이들이다.

• 마음이 맞으면 무조건 나가자

어디를 가는 게 중요한 게 아니라 누구와 함께하느냐가 더 중요한 아이들이다.

"어머니, 이런 날 집에 있을 순 없죠. 빨리 나가요."

이유도 참 다양하다. 눈이 오면 눈이 오는 대로, 바람이 불면 바람이 불어서, 날씨가 좋으면 날씨가 좋으니까, 기분이 좋아서 혹은 기분이 나빠서 등 갖가지 이유를 붙인다. 즉흥적인 외출이 일과를 흐트러뜨리기도 하지만 일상을 벗어나 가족과 함께하는 시간들이 아이들에겐 그 어떤 것과 바꿀 수 없는 소중한 추억이 됨을 잊지 말자. 공원, 도서관, 전시회, 영화관, 놀이터, 마트, 외식, 가족과 함께하는 그 시간은 언제나 좋다.

• 우리 가정만의 다양한 크리스천 문화를 만들자

우리 가정만의 문화가 쌓이고 있다. 아이들과 함께 만들어가는 문화는 자녀들에게도 아름다운 유산으로 더 확장되어 남게 되리라 믿는다. 믿음의 가정에서 할 수 있는 다양한 문화를 만들어보자. 우리 가정도 더욱 성장하기 위해 아이들과 문화를 만들어가는 중이다.

• 미리 크리스마스를 준비하자

우리 가정에서는 11월이 되면 아이들이 아우성이다. 미리 크리스마스 준비를 하며 성탄의 기쁜 소식을 나누기 위해서다. 정성스럽게 트리를 장식하고 예수님께 드릴 나만의 선물과 편지를 준비하기도 한다. 누군가를 기다리는 설렘은 해본 사람이 안다. 성탄 찬양을 부르며 아기 예수님의 탄생을 기다려보자. 그리고 성탄의 기쁨을 전해보자.

• 부활의 기쁨 나누기

나는 부활절이 되면 아이들과 달걀 수백 개를 삶아 사탕과 함께 꾸민다. 그리고 복음이 적힌 쪽지를 함께 동봉해 아파트 주민들과 상가에 나누었다. 부활의 기쁜 소식을 이웃과 나눠보자. 그곳에 복음의 열매가 맺히게 될 것이다.

• 대중교통 이용할 때 전도하기

친정아버지가 소천하셨던 날, 장례식장으로 가면서 아버지 연배로 보이는 택시 기사분에게 울면서 전도했다. 전도할 수 있을 때, 감동 주실 때 기회를 포착해야 한다. 아이들이 어른보다 훨씬 담대하다. 누구에게나 쉽게 접근한다. 그리고 아이들의 전도는 어른들이 거부하지 않고 잘 받아들인다. 전도할 기회가 있을 때 아이들과 복음을 전하자.

• 집에 방문해 일하시는 분들에게 음료 대접하기

가전제품을 수리하시거나 때로 청소를 위해서 집에 방문하는 분들이 있다. 수고에 감사하며 아이들에게 꼭 음료를 대접하도록 한다. 누군가의 수고로 얻는 혜택이 많음을 잊어서는 안 된다. 우리 가족을 위해 섬겨주시는 수고에 감사할 수 있도록 작은 정성을 나누자.

• 객과 나그네 섬기기

좁은 집이지만 우리 가정은 게스트 하우스의 작은 꿈을 꾼다. 신기하게도 하나님은 그 꿈을 성취해가셨고 좁디좁은 집에서 짧게는 며칠, 길게는 몇 달씩 머물다 간 지체들이 있다. 여전히 우리 집은 오픈 하우스이고, 누구든 쉬었다 갈 수 있는 예배처소다. 환경과 상관없이 머물다 가신 분들이 평안과 안식을 누리게 하셨음에 감사하다.

• 주 안에서 발 씻기

부모가 자녀를, 자녀들이 부모를, 형제끼리 서로의 발을 씻겨주며

세족식을 해보자. 예수님이 제자들을 섬기신 것처럼 서로를 축복하며 섬기는 시간을 통해 격려와 힘을 얻고 진리의 길을 걸어갈 힘을 얻게 될 것이다.

참고문헌

가스펠 서브. 《교회용어사전》, 생명의말씀사, 2013.

고든 뉴펠드, 가보 마테. 《아이의 손을 놓지 마라》, 이승희 옮김, 북섬, 2007.

김기현. 《모든 사람을 위한 성경 묵상법》, 성서유니온선교회, 2019.

다이아나 웨어링. 《십대 자녀를 위한 홈스쿨링》, 김혜경 옮김, 꿈을 이루는 사람들, 2007.

백은실. 《말씀 심는 엄마》, 규장, 2009.

백은실. 《말씀 심는 가족》, 규장, 2014.

스탠 존스, 브레나 존스. 《내 자녀에게 성을 이야기할 때》, 정현주 옮김, 소원나무, 2015.

여운학. 《말씀암송 자녀교육》, 규장, 2009.

조엘 비키. 《하나님의 약속을 따르는 자녀 양육》, 조계광 옮김, 지평서원, 2012.

존 파이퍼. 《말씀으로 승리하라》, 전의우 옮김, IVP, 2016.

최에스더. 《성경으로 키우는 엄마》, 규장, 2012.

코니 노이만. 《자녀에게 꼭 가르쳐야 할 10가지》, 조계광 옮김, 생명의말씀사, 2013.

폴 트립. 《완벽한 부모는 없다》, 김윤희 옮김, 생명의말씀사, 2017.

인용문헌

* 조엘 비키. 《하나님의 약속을 따르는 자녀 양육》, 조계광 옮김 (지평서원, 2012). pp. 142-143.

** 한국기독공보 2019년 10월 8일 자. "오늘의 기독교교육학자들: 8. 브라이언 헤인즈 부모세대, 자녀의 인생주기에 따라 합당한 양육을 실천하라!"

*** 스탠 존스, 브레나 존스. 《내 자녀에게 성을 이야기할 때》, 정현주 옮김 (소원나무, 2015). p. 12.

엄마표 신앙교육

초판 1쇄 발행	2020년 5월 8일
초판 8쇄 발행	2024년 1월 24일

지은이 백은실

펴낸이 여진구
책임편집 김아진 정아혜
편집 이영주 박소영 최현수 안수경 김도연
책임디자인 마영애 | 노지현 조은혜 이하은
홍보ㆍ외서 진효지
마케팅 김상순 강성민   **마케팅지원** 최영배 정나영
제작 조영석 허병용   **경영지원** 김혜경 김경희

303비전성경암송학교 유니게 과정
이슬비전도학교 / 303비전성경암송학교 / 303비전꿈나무장학회

펴낸곳 규장

주소 06770 서울시 서초구 매헌로 16길 20(양재2동) 규장선교센터
전화 02)578-0003   팩스 02)578-7332
이메일 kyujang0691@gmail.com   홈페이지 www.kyujang.com
페이스북 facebook.com/kyujangbook   인스타그램 instagram.com/kyujang_com
카카오스토리 story.kakao.com/kyujangbook
등록일 1978.8.14. 제1-22

ⓒ 저자와의 협약 아래 인지는 생략되었습니다.
이 출판물은 저작권법에 의해 보호를 받는 저작물이므로 무단 전재와 무단 복제를 할 수 없습니다.

책값 뒤표지에 있습니다.
ISBN 979-11-6504-027-7 03230

규 | 장 | 수 | 칙

1. 기도로 기획하고 기도로 제작한다.
2. 오직 그리스도의 성품을 사모하는 독자가 원하고 필요로 하는 책만을 출판한다.
3. 한 활자 한 문장에 온 정성을 쏟는다.
4. 성실과 정확을 생명으로 삼고 일한다.
5. 긍정적이며 적극적인 신앙과 신행일치에의 안내자의 사명을 다한다.
6. 충고와 조언을 항상 감사로 경청한다.
7. 지상목표는 문서선교에 있다.

하나님을 사랑하는 자 곧 그의 뜻대로 부르심을 입은 자들에게는 모든 것이 合力하여 善을 이루느니라(롬 8:28)

규장은 문서를 통해 복음전파와 신앙교육에 주력하는 국제적 출판사들의
협의체인 복음주의출판협회(E.C.P.A:Evangelical Christian Publishers
Association)의 출판정신에 동참하는 회원(Associate Member)입니다.